中国梦：
推动汉字走向世界

赵复兴 著

河南大学出版社
HENAN UNIVERSITY PRESS

图书在版编目(CIP)数据

中国梦:推动汉字走向世界/赵复兴著.－郑州:河南大学出版社,2019.11
 ISBN 978-7-5649-3546-7

Ⅰ.①中… Ⅱ.①赵… Ⅲ.①汉字－文化研究 Ⅳ.①H12

中国版本图书馆 CIP 数据核字(2018)第 239841 号

责任编辑	马 博 王 珂
责任校对	时二凤
封面设计	马 龙

出 版	河南大学出版社
	地址:郑州市郑东新区商务外环中华大厦 2401 号 邮编:450046
	电话:0371-86059701(营销部) 网址:www.hupress.com
排 版	河南大学出版社设计排版部
印 刷	开封日报社印务中心
版 次	2019 年 11 月第 1 版 印 次 2019 年 11 月第 1 次印刷
开 本	890mm×1240mm 1/32 印 张 5.375
字 数	94 千字 定 价 19.00 元

版权所有·侵权必究
本书如有印装质量问题,请与河南大学出版社营销部联系调换

汉字正在走向世界

杨正全

赵复兴先生力作《中国梦:推动汉字走向世界》即将面世,我有幸先睹为快。

关于"汉语走向世界"这一命题,学术界论述较多。因为我国的综合国力逐渐增强,对外交流日益扩大,汉语在国际交流中的地位呈强势提升趋势。汉语需要走出国门,国际上也需要汉语。至于"汉字走向世界",看到的论说并不多。把汉字走向世界与中华民族伟大的复兴之梦相联系,特别是关于汉字将会成为通行世界的"符号",即"世界文"的论断,使我为之一振。这使人联想起英国历史学家汤恩比博士于1972年在《展望21世纪》一文中的惊世预言:中国汉字可能成为世界通用书写式文字! 中西学者缜密研究,经纬典籍,剖析理清,得出如此相同的结论,真是发聋振聩,令人深思。

世界上曾经有几十种最古老的文字,如古埃及文字、古苏美尔文字和古巴比伦文字,也曾各领风骚,但在历史长河浪涛里早已消亡。唯独蕴藏五千年灿烂文化的汉字,在进入21世纪的今天,仍有方兴未艾之势。

　　汉字是表意文字,是立体语言,空间性特别强大,其表意功能是当今世界上其他文字所不具备的。汉字有其丰富的文化内涵,浓缩着中国古代人们对自然的认识,也承载着古今科学精华;每个汉字都有"典故"。这些内涵与典故,与汉民族的生存、发展、融合息息相关,体现了汉民族的文化特征,是中华民族的"硬实力"。与其他拼音文字比较,汉语是二维的,最大限度地利用了纸面的几何空间。每个汉字就是一幅画。拼音文字是一维的,是密码语言。书写拼音文字是编码,阅读是解码。表音文字用字母拼成,字母本身不可以作为思维的工具;汉字则不然,概念穿着它的作为外衣,存活于思维之中。

　　表意文字的承传性、时间性是其他语言不可比拟的。就语言发展而言,词汇是最活跃的。现代中国人可以读懂几千年前的文字,可见汉字在历史长河中发展的渐进性。而表音文字则不可能,例如英语,当代使用英语的人,几乎读不懂14世纪的英语著作,莎士比亚的作品已是天书。随着科学技术和社会的发展,各种语言必然会产生新的词汇。譬如"火箭",表意文字必然是一个全新的词。汉语也出现新词,却是"动

汉字正在走向世界

力"(火)与"武器"(箭)的组合,创造新词依然沿用"六书"之法。又比如说电脑产生,英语便出现了 computer;而汉字呢,根据它的特性,将"电"和"脑"组合在一起就表达了全新的概念。所以,汉字历经几千年,常用字不过一万;英语及其他拼音文字要不断更新词语,新词与旧词之间没有文字传承关系。有人预测,百年以后,英语单词要过百万;汉字则不然,新的词汇不过是汉字的新组合而已,新增数量有限。这将使学习和使用语言的效率大有区别。

华东师范大学郭可教教授 1990~1992 年主持国家自然科学基金项目《汉字认知与大脑两半球的关系的实验研究》,他认为:当今世界上存在着拼音文字和汉字两大文字体系。神经心理学和神经语言学的研究结果表明:拼音文字是偏向大脑左半球的"单脑文字",而汉字则是大脑左右两半球并用的"复脑文字";拼音文字认知中"语音编码"方式起主要作用,而汉字认知中则是利用"多重编码"方式,是语音、字形和语义编码兼用的。学习汉字可以充分开发大脑左、右两个半球的潜力,有利于大脑智力发展。"汉字智力开发",是一个大有可为的新的科学研究领域。[①] 汉字作为人类文化中的瑰宝,必

---

① 郭可教:《汉字必将走向全世界——汉字的科学性、智能性和国际性》,《汉字文化》2006 年第 3 期。

中国梦:推动汉字走向世界

将走向全世界,成为世界性的文字。

20世纪末就有人发文提出"汉字走向世界"这个命题,以后又有一些人发文跟进,并进行了一系列科学实验,取得的成果不能算小。现在赵复兴副教授则进一步证明:表音文字例如几乎成为"世界语"的英语,现在已经分化成英国英语、美国和加拿大英语、澳大利亚和新西兰英语等多种"英语"。从1776年美国独立开始计算起至今才200多年,现在当然还能互相听懂,那么再过两个半世纪呢?凡是"表意"的交流手段皆可通行世界,也极少有变。例如科技符号、工程设计图、标识中的红"十"字、音乐中的五线谱……从来没有改变。而汉字是"表意文字",可见只有唯一表意的汉字才能"走向世界",具有唯一性和极强的排他性。

长期以来,世界上不少人对汉字的认识不足,认为汉字难学。这些就成了汉字走向世界的思想障碍。为此赵复兴先生在文字学上提出一种新的分类法:母语分类法。学习母语文字时,由于现实生活经常强迫学习者结合母语进行复习、实践,因此容易巩固;而学习非母语文字时则根本没有复习、实践的机会,当然就难上加难。所以任何人学习非母语文字都有很大的难度,仅仅凭单方面感受不会得出准确的结论。

他还运用系统论原理,将汉语、英语、俄语等文字的诸多

汉字正在走向世界

要素进行量化对比,得出的结论是汉语比英语、俄语容易掌握。可见汉字是世界上最容易学习的"非母语文字"。

当然还有人认为汉字不方便输入电脑程序。至于汉字输入问题,已经圆满解决。汉字有高度的可识别性,反应快,思维速度快,输入电脑的速度快。进入电脑时代,这些潜在优势开始得到充分展现,这点也已被 Microsoft 的实验证明了。目前声控电脑已开始逐渐进入市场,科大讯飞语音输入就是一例。汉语有望成为计算机的第一语言。

语言的发展与民族和国家的经济实力相关,世界各民族对自己的语言走出国门不是没有用心的。拉丁语曾经称霸西方,那是古罗马帝国空前强盛造成的;17世纪法兰西崛起,法语一时风靡欧罗巴;英国成为"日不落帝国",英语通行世界,特别是二战以后美国成为超级大国,英语成为当今世界科技、教育、外交、贸易的第一大语言。超级语言带来的超级功能是显而易见的。语言是科技文化的载体,非英语国家耗费大量人力和财力投入教育,要比英语国家花费更多的成本,语言不平等必然带来分配不平等。汉语在世界上本来就有一席之地,以汉语为母语的海内外有13亿人。但这仍然与21世纪中国经济迅猛发展,与经济总量居世界第二的地位很不相称。实现大国崛起的中国梦,需要走向世界;世界也需要与中国密切交往,汉字也会成为不可或缺的工具和桥梁。改革开放以来,汉语在世界范围内的推广取得了长足进步,"汉语热"在全球不断升温。来中国学汉语的留学生越来越多,许多欧美国家把汉语纳入国民教育体系,列入高考外语考试的学科之中。当今世界上,国外的孔子学院有300多所,遍布世界100多个国家,学习汉语的人数有一亿之多。在韩国300所大学中,其中100多所开设中文课,日本几乎所有大学都开设有汉语课。

汉语走向世界与汉字走向世界是两个概念。博大精深的汉语,已为世人公认;全球性的学习汉语的热潮,必然会牵动学术界对汉字功能的再认识。《中国梦:推动汉字走向世界》一书,综合社会学、语言学、文字学、历史学、符号学等知识,宏观设想,微观证明,雄辩地论证了世界上唯一的表意文字——汉字,必将成为跨越国界的交流工具。作为承载着数千年中华民族科技文化底蕴的汉字,以其内涵丰富的表意功能,方便与现代科技文化衔接的独特优势,大行其时,正在以独特的魅力和自身的品质大踏步走向世界。

赵复兴与我是大学同窗。他善于思考,其思维中的求异性、发散性、逆向性尤为突出。这与他的经历不无关系。他从事过小学、中学、大学教学工作;抗美援朝时在东北空军当过充电兵,熟悉电器,也有一定的钳工技能;极"左"时期受过批判,"拨乱反正"后也曾踌躇满志。复兴同学于1951年在抗美援朝中参军,复员后到西安求学,大学毕业后又去新疆支边,最后才回河南原籍执教,走了大半个中国。他善于把自然科学理论上升到哲学高度,再从哲学的高度观察事物,做到高屋建瓴。他往往多角度观察、独立思考,个性化研讨已是积习,并贯穿在学术研究的始终。他能积极地面对生活,做生活的强者,在教研之余,竟然有两项技术发明("节能排气管"和"求援气球",经国家知识产权局审定,分别颁发了实用新型专利证书)。真可谓"不失东隅",还可以"收之桑榆"。如今他已步入耄耋之年,仍笔耕不辍,我由衷钦佩。在《中国梦:推动汉字走向世界》付梓之际嘱我作序,在其精神感染下,我就不揣冒昧,无忌浅陋,权且为之了。

记得上大学时,我国著名的语言文字学家吴宓教授来西安,我们有幸听了他的演说。吴教授大讲汉字博大精深,他说"春风风人""秋雨雨人"中后一个"风""雨"名词动化,读作"去声"就形象地表达了全新的意境。他又说假如改变了汉字的形体,就不那么生动了。看来吴宓教授对当时"汉字即将走拼音化的道路"是有看法的。改革开放以来,全国人民代表大会曾要求进一步规范汉字,至于"汉字走与不走拼音化道路""什

中国梦:推动汉字走向世界

么时候走"至今尚无定论,作为学术研讨,见仁见智,各有千秋。当下这样宽松的学术气氛,诸家大讲汉字的皇皇伟绩,吴宓教授若地下有知,一定会含笑九泉的。

(作者系原陕西省渭南教育学院党委书记、院长、教授)

目 录

第一章 筑梦世界文字——仓颉工程……………………（1）
　一、人类社会不可能产生"世界语",却可能产生"世界文字"
　　　………………………………………………………（3）
　二、具有国际性的"科技符号"……………………（6）
　三、参照"国际符号"探寻"世界文字"……………（9）
　四、知、行、验………………………………………（16）
　五、登"珠峰"兮路漫漫……………………………（37）
　六、小结………………………………………………（55）

第二章 汉字"难"的"攻玉"解读……………………（59）
　一、对几个概念的准确界定………………………（61）
　二、简单的数据统计………………………………（67）

三、汉字的"效费比"优势 …………………………（87）

  四、结论 …………………………………………（93）

  五、一个疑问 ……………………………………（98）

第三章　希伯来文和汉字：两个"马鞍形发展"之比较 …（101）

  一、背景比较：一逆一顺 ………………………（101）

  二、鞍坡比较：一缓一陡 ………………………（104）

  三、结果比较：一成一"？" ……………………（111）

  四、影响比较：一优一劣 ………………………（122）

  五、精英比较：一笑一憾 ………………………（127）

第四章　汉字"注音"小史及其他 …………………（132）

  一、给汉字注音的"方案"种种 …………………（133）

  二、历史评价必须准确 …………………………（144）

后记 …………………………………………………（158）

第一章

筑梦世界文字——仓颉工程

人际交流始于"人之初",主要是语音交流,文字交流是后来的事。本文主要论述语言、文字交流的"世界性",即"世界语"和"世界文字"的问题。此说虽仅涉及文字的表音、表意之类,然亦触及中华文化之根——汉字是向更广阔的天地发展,抑或是使已侵入汉字机体的洋字基因的固化和发展的问题。万望凡对此感兴趣的前辈、同侪、新秀、外籍华人暨友好人士不吝赐教,大力斧正。

对事物的分类是根据现实需要、具备条件和目的效果等多种因素,从某一特定角度开展的。因此,对于同一事物从不同的角度开展,可能有好几种分类方法。关于文字的分类,传统上有形态分类、结构分类、谱系分类三种,其实这三种基本上都是"语言分类法"。《不列颠百科全书·文字》中,将文字

中国梦:推动汉字走向世界

分为词符-音节文字、音节文字、字母文字三种,这是根据字词的结构及其同语音关系进行的分类。

文字学界有人认为:尤其是图画文字、表意文字和表音文字的分类法,已经大大过时了,表意文字是陈旧的不确切的术语。① 笔者以为,根据分类的原则、方法,对文字的分类同"过时"与否无关。例如对汽车的分类,根据用途分为轿车、客车、货车及其他专用车辆;根据燃料分为汽油车、柴油车、燃气车,还有早期的酒精车、木炭车;根据冷却方式分为水冷车、油冷车、风冷车三种。若有人认为,社会发展到今天,各种高档车让人目不暇接,谁还会根据冷却方式选车呢?对此我会遗憾地表示:在沙漠或缺水地区不论什么用途,风冷车都是首选,一般不选水冷车。这是"过时"的选择吗?可见文字是可以根据功能分类的,就看谁可以根据文字功能的要求,制定出一个"超先进"的分类法。

传统上对语言文字的分类,实际是将语言、文字"合二为一"的分类,故而三种分类法皆未涉及文字的功能这个本质特征。按照这些方法,汉字虽然也可以勉强归入形态分类的孤立语、结构分类的分析语、谱系分类的汉藏语系的汉语,等等,

---

① [苏]B·A.伊斯特林著,左少兴译:《文字的产生和发展》,北京大学出版社1987年版,第27、35页。

第一章 筑梦世界文字——仓颉工程

但它"表意"的本质特征没有一丝一毫涉及,所以当表音文字的结论不适用于汉字,或汉字的优越性超过表音文字时,汉字就遭到歪曲、贬低。例如,将汉字的无变化说成"形态变化不丰富"。"丰富"之前加"不"当然是贬义,但是"科技符号"的变化绝对"不丰富",因为它同汉字一样,永远不变化,然而却可以通行世界。"不变化"本是汉字最大的优点之一,为何竟被指优为劣?可见用表音文字标准衡量唯一表意的汉字,只能是圆凿方枘。以上并非本文主题本不该聒噪,然表意功能乃汉字之本,亦乃本文立意的唯一实据;学界对此又有异议,故不得不预先阐明。

一、人类社会不可能产生"世界语",却可能产生"世界文字"

《圣经·旧约·创世记》中说:诺亚三个儿子的宗族时期天下语言相同,他们想造并且已经开始建造一座"塔顶通天"的塔。上帝认为"塔成以后他们所要做的事就没有不成就的了",所以就"变乱他们的口音,使他们的言语彼此不通","他们就停工不造那城了"。这座塔就是后来的巴别塔,"巴别"意为"变乱"。这一则神话反映了古代犹太人对"世界语"的基本观点:因为上帝不允许,所以世界上不可能有统一的语言。这也是个非常准确的预言。

对于同一事物,例如吃住、狩猎、族群交往等,不同地区人群的表述,事实上是"各执一词"。

《增广贤文》云:"近水知鱼性,近山识鸟音。"人类在模仿大自然声音的过程中,不仅所知所遇的鱼性鸟音不同,就是相同的自然声音,不同语言的模仿也各不相同。例如,通晓外语或熟悉兄弟民族语言的同人可以比较一下,有哪种模仿犬吠的语言是汉语中的"汪汪"?连最普通的犬吠——大自然之声都不一样,可见所有语言都是按自己的语音习惯模仿,那么世界上的语言又怎可能相同?

最奇特也最典型的例证是京广铁路在河南信阳段中从长台关站到明港站这两站中直径约20千米的区域,说的是信阳方言,唯"子"发卷舌音(与俄语的 p 相同)。我国第一颗人造卫星发出的《东方红》乐曲,就是用在长台关出土的编钟演奏的。即使从编钟算起至今也有两千多年,其中还包括有半个多世纪的普通话推广,但是这个弹丸之地的卷舌音却顽固地保持至今,今后肯定还会继续"p"下去。同种,尤其是同文字的汉族语言尚且如此,何况地域、种族、文化甚至连文字也不同的"世界语"?

第一章 筑梦世界文字——仓颉工程

几乎成为"世界语"的英语,现在已经分化为英国英语、美国和加拿大英语、澳大利亚和新西兰英语等多种"英语",其他通行英语的国家还有许多当地英语"方言"。现在假设,"世界语"已被大多数国家接受,而且成了各国仅次于母语的第二语言,那么数百年后,它的分化程度肯定要远超英语。而这就意味着"世界语"的死亡,因为它不是任何一个国家的母语,"第二语言"的生命力远逊于任何一种使用人群最小的母语语言。

虽然如此,但是人们却一直在努力寻找国际性的交流手段。一个典型的例子是,由于交际的需要人们总是想创造出一种通行世界的语言,其中成绩最大的是波兰籍犹太裔医生柴门霍夫设计的"世界语"——总体看来虽然成绩相当可观,可惜这些已成"过去式",因为西方目前连大学生都不一定知道"世界语"这个词,更谈不上学习它。但是,中国的传统意识中,有一条是"不以成败论英雄",以此衡量,则柴门霍夫的探索精神永远值得称赞,在语言、文字史上必然有他浓墨重彩的一笔。

"世界文字"的概念及有关问题。"世界文字"其实是一个模糊概念。因为仅"世界"到什么程度才能算世界文字,恐怕就很难统一认识。不过如果说联合国使用的英文、法文、西班牙文、俄文、中文5种文字皆可称为"世界文字",恐怕不会有人反对。而从学术研究的角度出发,排出名次,现今的英文必然位居榜首也是个事实。那么以后是否会有变化呢?答案当是肯定的。以自然现象作比:大雁的飞行,不论是排成"一"字形,还是"人"字形,都有一个领头的"头雁",而且由于头雁总是最费劲的,因此经常有其他大雁来替换,就像哨兵换岗一样。这个例子用在这里作比的意思是:如果世界上有某种文字比英文更有优势,那么结果必然是它取代英文"世界文字"的地位。

二、具有国际性的"科技符号"

(一)被忽视的交流手段

虽然人们一直在孜孜不倦地追求国际性交流手段,但是对于已经在世界上通用的各种科技符号的兴趣,仅限于表示科技新事物时,如何设计得更醒目、更易于记忆,而对它的"国际通用性"却从未涉及。语言文字学界尤其是"世界语"学者似不应顾此失彼,而应早有觉察。

(二)"科技符号"通行世界的必然性

语言不通,互相交流、交际虽然困难,却也不可阻挡。第一,在交流思想因语言不通或似通非通且没有翻译时,有时在地面上画一下,给没说清或根本说不清的内容加以补充,有些符号就此产生。证据就是当今集贸市场、村落中,儿童间的交流也会出现类似场面。久而久之有些亦图亦符的符号就"共用"了。第二,后来原始图画产生了两个分支,即原始符号和原始文字。所以最原始的文字或字母皆具有图画性质。① 出现最早且沿用至今的符号,如通称阿拉伯(实际是印度)数字的十个数码就是典型的数字符号。第三,随着社会的发展,一部分符号发展成了文字,其余的不仅保持了原貌,而且扩大了势力范围:元素周期表中各种元素的代号字母,其他各领域、各专业的数学符号等,由几个部族或地区共用发展为世界通用的"国际符号"(以下简称"符号")。

(三)"符号"的复杂性

在符号学中,"符号"与"标记"有着严格的区别。例如,具有代表性的基督教的十字架、卫生事业的红"十"字、伊斯兰国家的月牙(一些媒体称"新月",其实它是"残月")等皆为标记,而非"符号"。

由于"符号"同人们生活的关系越来越密切,因此学术界不仅产生了符号学,其下竟然还有4个分支:逻辑句法学、逻辑语义学、信号学和语用学。

---

① [苏]B·A.伊斯特林著,左少兴译:《文字的产生和发展》,北京大学出版社1987年版,第333页。

中国梦：推动汉字走向世界

"符号"并非仅存于科技界，音乐中的五线谱、生活中的公制度量衡单位……皆"符号"也。

(四) "符号"的构成及特点

约定俗成。即某人第一次发明或设计使用，由于重要、常用、方便，于是大家跟进，几经修改，最后定型不变。如"＄"表示美元，"∞"表示数学用语中的无穷，拉丁字母可表示化学元素，希腊字母则运用到数理学科中。

这些在全球畅通无阻的"符号"具有以下特点。

第一，"符号"同所表达的概念之间基本是一符一意、一意一符，如生物学的♂（雄）♀（雌）。"身兼数职"的现象主要集中在字母"符号"里，如"O"在化学里代表"氧"，在数学里一般表示"空缺"，但也表示一个"点"或"圆"，甚或"圆心"。虽然如此，但在实践中根据具体情况是很容易识别的。

第二，"符号"的表达能力从极为精确到比较模糊皆无所不能。如"π"的精确值目前可以到小数点后面数百位，而模糊数学则可以在漫无边际的范围里确定最优化方案。

第三，使用中各种符号的次序排列、"组合符号"组件的位置安排等规定极严。例如"$3-2=1$"的算式中，所有符号的位置绝对不许改变；组合符号 C^2 和 C_2 是不同的概念，位置绝对不能弄错。

第四,任何"符号"在任何情况下使用都永远不变。

第五,所有"符号"全是表意的,这是一切符号的本质特征。苏联文字学家伊斯特林说:"科学符号是一种特殊的意词字……但由于频繁使用的结果,它们变成了概念的符号——表意符号。"①可见它们的读音是各取其便,无须也无法统一规定。

三、参照"国际符号"探寻"世界文字"

(一)"符号"交流功能的启发

视觉和听觉是人际交流中最重要的两种手段,若皆具"世界性"当然最理想,可惜现实与此相反。"世界语"是人造世界性交流手段的第一次尝试,虽已几近失败,但是"符号"却同世界各地文字融为一体,成了人类共同的精神财富。

这一事实给人们的启发是,若某种文字具备"符号"的全部特点,它就有可能发展成"世界文字"(以下简称"世界文")。若从现存文字中挑选出可能发展为"世界文"的文字,那么被选中的必要条件是:第一,该文字的各项功能指标至少同"符

---

① [苏]B·A.伊斯特林著,左少兴译:《文字的产生和发展》,北京大学出版社1987年版,第37页。

号"全等;第二,若有好几种,则当选表达最简洁者;第三,若条件相同,则应选将它作为母文字的群体文化最高、文化底蕴最深、国土面积最大、人口数量最多、经济发展最高者,因为它必须对这种"世界文"的推广有强大的支持能力。

(二)以"符号"的全部特点衡量、寻找"世界文"

若此说不谬,则可将世界上所有文字同上述"符号"的特点对号入座并且打分,分数最高者当选。评分标准是:"符号"有5个特点,故用百分制,平均每条为20分;高于或等于"符号"特点的条目得20分;低于"符号"特点的条目得5~15分;若某文字缺少"符号"的某一特点,则淘汰出局。因为"符号"是一个整体,任何特点皆只可有优劣之分,但绝对不能缺损。这是分类学常识。现将用"符号"特点衡量文字的结果做如下说明。

1. 世界上的所有文字中,一字一意的字词占大多数;一字多意的字词虽然是少数,但却常用,出现的概率非常大。这些多意字词虽然也可以根据前后文或语境判断其所指,但那必须达到一定水平才行,即"符号"表达具有"唯一性";而全世界所有语言及其文字的表达,皆有例如感情色彩等一定的"随意性"。故包括汉字在内的所有文字因其"随意性"而较难判断,皆只能得5分。

第一章 筑梦世界文字——仓颉工程

2. 表达能力。似乎连最小的人群语言中,也没听说过哪个事物或概念无法表达,充其量是音译罢了。故全球数千种文字皆得 20 分。

3. 在语法体系里文字的排序是最重要的资源,因为按语法要求排序,不占面积却可以确定字词间的逻辑关系。汉字的语序和"符号"皆具有强制性。汉字笔画位置也不许改变,例如"乒""乓""土""士"等,故可得 20 分。像英语一类的表音文字的字母位置虽不能变,且在语序上又有一定的要求,但范围、要求之广泛、严格程度皆远逊于汉字,可以得 15 分。俄语对语序的要求最低,得 10 分。

4. 汉字永远无变化,得 20 分。英语、法语可以得 15 分。俄语及其他有些文字总体上变化太多,只能得 10 分。

5. "符号"表意不表音,故"表意"与否乃能否参选"世界文"的分水岭。汉字是表意文字,得 20 分。其他因全系表音文字,故悉被排除。

除第 1 条扣除 15 分外,其他条都是满分,所以汉字共得 85 分。

通过以上"符号"性能、特点的对比可知:在全球数千种文字中,只有表意的汉字才有可能发展成"世界文",此外没有任何其他选择。

中国梦:推动汉字走向世界

(三) 法国人的远见卓识

汉字成为可能发展为"世界文"的思想,源于近古末期,而且不是中国人的发现。"早在一六二七年,法国人让·杜埃(Jean Douet)在《致国王:为地球上所有人的全球文字建议》中就提出:'中文有可能成为国际语言的模式。'"①这里作者将语言和文字混为一谈,是由于当时对语言的研究还不够深入,不足为怪。让·杜埃究竟有多少汉字知识,又是从哪里学来的,皆无从稽考。但据此也可得出如下结论:这里的"模式"只能是指汉字同拼读文字一些不同的规范。例如:第一,汉字"表意",从来不随语音的变化而改变。第二,用词序表示字词之间的逻辑关系,而不是靠变化或增加专用词汇。第三,根据需要可以用几个"字"组成不同的词语或成语。第四,随着时代的发展,有些汉字可能被赋予新的含义,但原意并没有消失。

由于这种"模式"的优势远非拼读文字能比,因此让·杜埃才提出汉字有可能成为国际语言的"模式"。而我们中国人自己则是"不识庐山真面目,只缘身在此山中"。

---

① 徐冰:《关于〈地书〉》,《读书》2007 年第 9 期,第 119 页。

(四)其他旁证

语言对聋哑人绝缘,海上舰船之间的语言交流有空间障碍,但用手语、旗语等"表意语言"皆可顺利交流。又如铃声的断续表示上、下课或紧急集合,特殊情况下灯光的明灭,指挥交通的红绿灯、标识牌乃至临时确定的某些暗号,皆为"表意"交流。同本文主题有关的是,语言虽然不同,但可以借助于大家都认识的某种"表意"文字进行交流。中华人民共和国成立初期的全国性代表会议上,苏、沪、浙、闽、赣、粤、桂等省市的代表会议发言,因语言不同,就产生了理解障碍。私下沟通时只需在纸上写几个字,有时甚至只写一个可以"道破天机"的字,即可全然会意。此乃汉字"表意"之故也。汉字即彼时彼地的"世界文"。这种现象本文以"一文多语"简称之。

这些事实可以证明:凡表音手段无法逾越的障碍,表意手段皆可突破。

(五)破坏性试验

此举系从实用技术学来:任何产品皆必须经过在最恶劣的环境中进行超负荷的运转,只有所有指标全部达到或超过设计要求,它才能上市。此举对任何论文、专著皆有益无害。

1. 汉字太难,故国际上除专业或业务需要外,习汉字者鲜矣! 第一个分句即结论是个伪命题,拟另文以比较、分析、计算等方法作结。这里只介绍一句我的研习结论:汉字是世界上最容易学会的"非母语文字"。但还是应该问一句,日语里有数千汉字,加上既非拉丁字母又非斯拉夫字母的两套假名146个,这就意味着学会日语等于学会表意、表音两种文字,为何没人说"日语难学"?这能否算武松"打猫"?

为了提高本国的生产及科研、学术水平,各国皆主动、努力地学习外语。由于历史原因,科技所属领域并非我国强项,但改革开放30多年来,我国在经济上取得了不同凡响的成就,许多洋人定居北京并积极参与推广汉字的各种活动。今后修高铁、不干涉内政的技术继续转让,孔子学院越办越好……这一切使"表意"汉字成为"世界文"水到渠成。我们的历史任务是"加大水量""提高水位",使"水"更加畅流。

2. "表音文字"和"表意文字"不能绝对分开,因为表意文字里也有表音文字,如汉字中的象声词;表音文字中也有两个或两个以上词根或单词的组合,表示一个新概念或含义比较复杂的新词。所以理论上表音文字也可能发展成"世界文",若其不能,那么汉字也不行。这种说法的逻辑错误在于:表音或表意文字是大概念,其中皆有若干小概念。但是绝不能因为两个大概念里有几个小概念相同,就说两个大概念也相同。正如河马与海豚,生物学上是近亲,虽有某些相同之处,却绝

第一章　筑梦世界文字——仓颉工程

不能说海豚可以与人合作捕鱼，所以河马也可以；海豚不能上岸吃草，所以河马也不行。原始抉择确定发展方向，时间越久越不能混同。

3.任何文字都必须有语言做支撑（这里应作"传达手段"），既然不可能有"世界语"，当然就不可能有"世界文"。逻辑反驳麻烦，现只摆事实。数学计算、公式推导、化学反应式等"符号"没有"科技世界语"支撑，为什么世界通用？前文已总结出"凡表音手段无法逾越的障碍，表意手段皆可突破"的重要规律，且证明汉字就是彼时彼地的"世界文"即"一文多语"的事实。这里已经不是文字必须有语言支撑，而是表意文字的这个现实把它颠倒过来了：有关语言必须有某种文字支撑，否则，就是短命语言。

命题论证到这个份上，如果还不承认汉字有发展成"世界文"的可能，那我只能说事物发展规律这个"上帝"认知有误，偏"恨"汉字！至此若将"世界文"提到"中国梦的内容之一"的高度，当不算虚妄；若云"全体炎黄子孙当齐心协力、坚持不懈，为汉字早日发展成'世界文'而奋斗！"当为共识；当纪念共产党成立100年时，"世界文"当有相称的礼物献上；纪念中华人民共和国成立100年时，"世界文"定有更丰富的汇报内容。

中国梦:推动汉字走向世界

(六) 文字无优劣

至此若云"汉字"乃"万绿丛中一点红"当不算夸张,但这仅是"色彩"上的区别,同语言文字的优劣无关。不论哪种语言文字,都是当地的历史形成、自然选择的结果,皆有所长,也必有所短,汉字绝不可能例外。例如"就"字,有动词、副词、连词3种词性,同别的字结合还可以变成叹词,加起来共有10多种用法。再如某些字绝对不是量词,有时却可以临时"借"来当量词使用:"一江春水""骑火一川明"……有时又不用量词:"我们仅有十人!""五饼二鱼"……所以外国人觉得汉字太难学了,并非全错,因为汉字是他们的"非母语文字",而世界上没有哪种非母语文字是容易学会的。

四、知、行、验

"世界文"的内容是无限的,若云前文"仅知皮毛"当是最高的奖赏,实乃考生入闱仅具阐述资格而已。孙中山说"知难行易",根据他的经历及当时的时代背景,此属无法突破的"历史局限"。其实《尚书·说命》早云:"非知之艰,行之惟艰。"是说"不是懂得道理难,而是做到难"。毛泽东说:"如果有了正确的理论,只是把它空谈一阵,束之高阁,并不实行,那么,这种理论再好也是没有意义的。认识从实践始,经过实践得到了理论的认识,还须再回到实践去。"①这是要求知行合一。他还说:"革命战争是民众的事,常常不是先学好了再干,而是干起来再学习,干就是学习。"②2014年6月,北京国际汉字研究会和北京语言大学联合举办的"推动汉语言文字走向世界"大论坛(以下简称"大论坛"),既是"实践",又是"干起来再学习",是典型的知行合一。至于"验"虽系以后之事,于此最好则是边干边验。这里重点谈一下最难的"行"的问题。

(一) 三位一体及其他正能量

三点呈面,布局越合理,支撑面积越大,例如呈等边三角形。这个哲学规律为本文结构的指导思想。于此似应以"大论坛"的发起者北京国际汉字研究会和北京语言大学为一家。央视已经是事实上的第二家,其中《快乐汉语》《汉语桥》等栏目就是在使汉语"走向世界"。位于北京的中国孔子学院总部当为第三家,因为其各分部全是"走向世界"的前沿阵地,故建议三家主动联合。中间可能会有些障碍,这就需要教育部、国家语言文字工作委员会出面疏通,此乃天降大任。

纵向看有些省市亦可如法炮制,因为外地省市有其独特

---

① 《毛泽东选集》第一卷,人民出版社1991年版,第292页。
② 《毛泽东选集》第一卷,人民出版社1991年版,第181页。

中国梦:推动汉字走向世界

的优势。除北京、上海、广东等地外,伊犁师范学院对研究汉字与哈萨克语的链接有传统地缘上的优势,此项若有成果,对其他例如吉尔吉斯语、乌兹别克语等的链接皆有较大的借鉴作用。喀什师范学院对巴基斯坦、阿富汗有相同的优势。其他如桂、滇、藏等省区也有类似的高校或其他机构,大家应扭成一股绳一齐干。

各孔子学院所在地的当地华人及热心学习汉文化的友人,也是一支不可忽视的支持力量。我国历史上还有一种现象值得借鉴。于汉族中学毕业的少数民族学生,过去在沟通民、汉思想,化解民族矛盾等各方面都起到过良好的作用。今后同阿拉伯国家交往时,应优先吸收受过民、汉两种教育的维吾尔、哈萨克、伊斯兰少数民族学生。千镒之裘,非一狐之白!

(二) 动力与载体、载物

不论哪个国家向外学习,全是想学点先进的东西,以提高、改善本国本民族的生活。这是学外语最原始也是最大的动力。要让这个动力在学习汉字时全部发挥出来,就要求我国不论传统的还是新兴的科学技术,皆必须位居世界前列,力争名列前茅;教育、管理等软科学亦当同硬科学实力相称。舍此则一切免谈。此外,"走向世界"仅有汉字这个"载体"远远不够,还必须附有"载物"——堪称"国粹"且具有普适性的文

第一章 筑梦世界文字——仓颉工程

化实体。通过汉字也只有通过汉字才能将这些国粹传播出去。从清查传统文化的家底来看,已有的武术、中医开路,现在再简举几例。

1. 夏历(亦称"农历")。"其制始于夏代"①,它对于发展中国家,特别是粮食生产还不过关的一些国家,例如非洲某些国家特别有用。中华人民共和国成立后我们先向"老大哥"(苏联),后又向西方全面、彻底地学习;唯一丝毫未动的传统领域仅有夏历,只因它对农业生产的指导至今仍堪称举世无双。中华人民共和国成立之初曾大力宣传"洋历",试验"头伏萝卜二伏菜"的结果是,不论早一天或晚一天,产量都有看得见的差别。只要能提高农业产量,就能证明它的优越性。

从"世界文"的角度观察,孔子学院所在国要想掌握夏历知识,只靠翻译还远远不够,因为有些词汇是使用某种文字的国家所专有的。例如,"节气"是夏历的核心词,而外国只有节日,没有"节气",不好翻译时就只能采用汉字的译音。其实夏历也是中华文化的主要内容之一,内容之多远非几个专有名词能全部包括的。要想全面掌握它,起码要学会同这一部分有关的汉字、汉语知识。

---

① 《辞源》,商务印书馆1991年版,第350页。

在推广夏历时还有许多关键词,例如"谷雨""小满"等,如果一定要翻译成当地的语言文字,时间一久恐怕连本国人也会感到麻烦。这是因为汉字的"词"一般只有1～2个音节,3个音节的词非常少见,4个音节的就是成语了。而表音文字的音节一般都在3个以上,其中4～6个音节最为常见,有时还会更多。这时如果"照猫画虎"——用当地文字拼写汉字读音或直接写成汉字、读"汉语音"反而容易些。汉字的表意优势在这个过程中会体现得最明显。这时汉字就是彼时彼地的"符号"。这一点"符号"已有先例。此皆名词或动词,随着夏历知识的增加,其他词类也必然进入这个行列,例如"杂节气"的"杂"。这还仅是夏历这一项,其他如古代思想、当代技术等的不断交流,这些国家的文字领域例如非洲大多数国家,就会出现上述情况。这是"世界文"的初级阶段,以后的发展就要视情况而定了。

因笔者对夏历的痴迷,故建议国家向联合国"申遗"。如果有必要,也可以在产量最高的西方农场主的地面上,在同样的水、肥等条件下,同他们凭高科技和经验种植的收获比产量。

2. 珠算和算盘。资料表明人类第一代算具乃我国的"算筹"。它起源于前8世纪～前5世纪的春秋时期,乃竹质细棍

第一章 筑梦世界文字——仓颉工程

制成。当时一般是加、减、乘、除的单项运算。在成书于约1世纪的《九章算术》里,不仅已有三元一次联立方程,且有以颜色的红、黑或摆置的正、斜区分正负数的"筹算"。

第二代算具当是"算盘"。"珠算是中国的第五大发明。'珠算'一词最早见于东汉献帝建安初期(196~206年)成书的《数术记遗》。书中描述珠算是把木版刻成上中下三个矩形区域,下区存放游珠,以一当一;上区存放另一颜色游珠,以一当五;计算在中区,每位至多用上一珠和下四珠,表示1至9各数码。计算方法没有明说"。[1] "元刘因《静修先生文集》(十一)有五言绝句《算盘》诗"。[2] 明代以后的记载就更多了。功能的实例是:我国制造核弹的草创时期因缺乏计算机,所以许多数据是用算盘硬"打"出来的。这就证明算盘不仅可以进行高层次的复杂运算,而且运算速度也相当可观。

从时间上看,手摇计算机似乎是第三代。1642~1644年间,法国数学家帕斯卡制作了计算装置,1673年莱布尼茨改进后制造的计算机器只能进行加、减、乘、除的单项运算。1958年曾有报道,珠算同手摇计算机比赛,珠算居然获胜。

---

[1] 郭启庶:《珠算代数简捷术》,天津科学技术出版社1987年版,第1页。

[2] 《辞源》,商务印书馆1991年版,第1283页。

手动超过机器这是第一次,但并不奇怪,因为比的是"综合性能"。例如某数乘以千位数,算盘只需变挡拨珠即可,而手摇计算机则必须在个位到千位之间来回换挡,然后再摇圈数;有时手摇计算机换挡还没有完成,珠算答案已经出来了。手摇计算机属于"后来而未居上",所以它只能在欧洲计算史上占一席之地,在世界范围内的"代"上根本挂不上号。

运算速度超过珠算的是 1946 年宣告正式运行的"'电子数值积分和自动计算机',简称 ENIAC。ENIAC 占地 170 平方米,重 30 吨,拥有 18000 个电子管,每小时耗电 150 千瓦,费用 48 万美元,运算速度为每秒 5000 次"[1]。它同珠算相比可得出如下三点结论。

(1) 电子计算机同算盘相比,原理、方法、结果完全一样,即不谋而合。

(2) 不论是从时代划分上还是从成本核算上都没有可比性。

(3) 当代的计算器虽然方便,却有以下弱点:首先,如果当时没有,也找不到计算器时,就根本没有办法。但是笔者儿时在集市上就亲眼见过,交易时因数目较大,甲方心算口述,

---

[1] 刘经国、孙明谔、张建民:《简明数学史》,河南教育出版社 1989 版,第 252 页。

第一章 筑梦世界文字——仓颉工程

乙方不敢确认,于是甲方就在地上临时用折断的小棍代替算珠,当面"拨打",最后居然使乙方折服。其次,很多人用惯了计算器,时间一久计算原理甚至运算方法也全忘记了,这就不利于创造性思维的发展。但珠算则相反,因为不懂计算的原理,就不会拨珠,所以珠算能使人对已经学会的运算方法终身不忘。最后,笔者数次见到电视上播放小学生心算同计算器比赛,结果是计算器屡屡败北。这些小学生的计算方法,无一不是在大脑中"打算盘"得出的答案。可能正是这些"原因",在日本的高招中,如果报考的是计算机系,珠算是必考科目之一。

以上事实证明:笔算是珠算的书面形式,珠算是笔算的验算或证明,故笔者提出以下建议。

第一,北京语言大学、孔子学院应将珠算作为一门课程进行教学,以提高学生、孔子学院所在国中小学生的数学成绩。

第二,建立国家、省两级"珠算研究所",尽量将珠算的潜能、历史意义全部挖掘出来。

第三,建议中小学恢复珠算课。因为它对理科的学习,尤其是数学成绩的提高作用很大。

第四,夏历八月十八的钱塘江大潮,至今还是一直准确地出现,这个日期在电子计算机发明之前一直是算盘"打"出来

中国梦:推动汉字走向世界

的。故建议国家将"算盘及珠算"向联合国提出"申遗"。

3. 毛泽东在谈到研究历史时曾说:"许多马克思列宁主义的学者也是言必称希腊,对于自己的祖宗,则对不住,忘记了。"70多年过去了,这些现象在某些领域至今亦然故我。过去一提到逻辑学史,经常是第一个就介绍古希腊的普罗塔哥拉(约前485~约前410年)及其著名的"半费诉讼"案,因为他是思想家和(诉讼)教师,并以教学致富成名。中国的邓析(前545~前501年)是"名家"(又称"辩者"或"刑名家"),成果不比前者少,文献《邓析子》也确实存在过。邓析比普罗塔哥拉约早60年,早了两代多。但国内有关著述提到他的几乎为零。对亚里士多德(前384~前322年)在逻辑学上贡献的论述一般也算恰当。墨子的生卒年代说法不一,《简明不列颠百科全书》上提供的是约前470~约前391年。他对逻辑学的贡献有三:第一,关于"辩"的思想,它包括类、故、法,为后期墨家的逻辑体系奠定了基础;第二,他提出了关于判断真伪的三个标准;第三,他确立了"取实予名"的原则。个人成就综合来看,墨子可能不如亚里士多德,在逻辑理论的单项上比较,孰与高低专家虽未作结,但时间上墨子比亚氏早80多年,几乎相差三代。

逻辑学著述对以上情况若属"论","忘记了"邓析、墨子还勉强说得过去,若属"史"也"忘记了"则实属不该。"中国古代的诡辩在全世界影响很大,外国许多学者潜心研究,做出了不少成绩。但在我们国内并没有引起足够的重视。这是很不正常的现象"①。从"世界文"的角度考虑,央视、北京语言大学有介绍我国古代软、硬两种科学成就的责任和义务;孔子学院在介绍中国文化时应当实事求是,当仁不让,应将事实准确地向所在国家介绍:事实是驳不倒的。

4. 软实力方面我们只介绍中国的土产,例如《礼记》中的古代理想社会:"大道之行也,天下为公。选贤与能,讲信修睦……"哲学、文艺理论我们也只介绍自己的成就。除先秦的诸子百家外,例如东汉王充(27~约97年)的《论衡》、南朝刘勰(约465~约520年)的《文心雕龙》以及同一时期钟嵘的《诗品》等。其中《文心雕龙》的几个数据就能说明问题:全文37746字,"千字文"5篇,其中《时序》最长,1536字;《才略》《书记》《史传》《论说》四篇较短。其他皆不足千字,《隐秀》因系残篇仅283字,最短。内容涉及从黄帝、唐尧至南齐、萧梁

---

① 华玉洪、姜成林:《诡辩术——60种诡辩方法》,延边大学出版社1988年版,第12页。

共17个朝代;论及作家918人,涉及作品1035部。① 相比之下,亚里士多德的《诗学》才提到45位作家以及5部作品。后世古代欧洲文艺理论家还不如亚氏,如贺拉斯的《诗艺》才提到24位作家,仅比亚氏的一半多一点。从亚里士多德到宗教文艺理论家奥古斯丁,时间上与从孔子到刘勰差不多;欧洲文艺理论家们著述的时空范围、包含内容的数字,因没有统计,故不好与《文心雕龙》《论衡》相比。

5. 汉字在一定条件下也可以成为一种艺术,它是一种古老而奇特的艺术,也是世界艺苑里的一朵奇葩。它还是中华民族优秀文化遗产中不可或缺的组成部分,更是汉字走向世界的一项重要内容。"汉字起源于原始记事方法,特别是图画和契刻;它萌芽于仰韶文化时期,距今约6000年;其形成为体系,当在夏代,距今约4000年"②。这是我们的祖先仰观俯察、博采众美的结果,其中体现了先民对世间万物的审美观照。所以在汉字产生的同时,书法也就萌芽了。从已经出土的10多万片甲骨中可以看出,其中不仅已经蕴含了中国书法

---

① 李万钧:《〈文心雕龙〉的世界地位》,《外国文学研究》1991年第3期。

② 陈炜湛、唐钰明:《古文字学纲要》,中山大学出版社2009年版,第16页。

第一章 筑梦世界文字——仓颉工程

艺术的基本要素,笔法、结体、章法无不备至,而且出现了多种不同的风格。

在这数千种语言文字里,只有汉字一家的文字,可以书写成"艺术品"供人们欣赏,其中主要是草书。

在距今约 6000 年(前 4100~前 3600 年)的仰韶文化遗址里发现的大量陶器刻画的符号中,我们看到了书法的萌芽:结构均衡、稳定而不呆板,线条有粗细轻重的变化。在已成熟的汉字——甲骨文中,这种充满活力的象形文字就更多了。在毕加索的《牛的变形过程》中,我们可以看到这位当代绘画艺术大师对具象事物进行抽象概括的过程,而在甲骨文中我们看到了先民们对具象事物概括的结果。虽然相距数千年,但二者表现出的艺术精神却是完全一致的,从中还可以看到甲骨文的笔法已有粗细、轻重、疾徐的变化。甲骨文是目前所能见到的最早的成系统的文字,其中已蕴含了中国书法艺术的基本要素,笔法、结体、章法无不备至。商代金文与双刀刻出的甲骨文基本一致。

殷商时代已有毛笔,甲骨、陶片、玉片上用朱砂或墨书写的字迹就是证明。西周甲骨文近年也有发现,其字比殷商时期还要精细些,小者只有用放大镜才能看清。其微雕艺术水平之高令人叹为观止。

石鼓文是战国时代秦人的作品。唐朝张怀瓘在《书断》中评曰:"体象卓然,殊今异古。落落珠玉,飘飘缨组。仓颉之嗣,小篆之祖。"又据1980年四川青川县出土的木牍可知,战国中期隶书已经开始出现,秦汉之际又有进一步的发展。

由于经济的发展、文化的普及、纸张的改良等,汉代为书法艺术的成熟提供了物质基础。至东汉末年,书法已开始脱离实用而成为人们创作和审美的对象,并出现了为人们崇拜的书法家和最初的书法理论著作。

书法理论著作的出现是书法艺术成熟的标志。除了史游是西汉元帝时人外,东汉的书法理论家竟有十多人。蔡邕的《笔论》《九势》在中国书法论史上占有重要地位。他在《九势》《笔论》中分别提出"书肇于自然,自然既立,阴阳生焉;阴阳既生,形势出矣""纵横有可象者,方得谓之书"的重要思想,表明他已把书法当作充满生命力的审美对象,把"纵横有象"作为书法的本质和书法美的标志。蔡邕在《笔论》中提出的书法创作对心理的要求和结字、用笔的理论,皆为书法的发展奠定了理论基础。到东晋的书圣王羲之,其书法成就可谓名扬四海。书法作为一种艺术,此时已经成熟,其后就是发展中的问题了。

至于书法理论方面,三国鼎立时期,魏国有好几个大家,

第一章 筑梦世界文字——仓颉工程

其中以钟繇对后世影响最大。吴国主要是以碑刻最著名。清代书法家张廷济认为,吴国的《天发神谶碑》"为两汉来不可无一,不能有二之第一奇迹"。从曹魏的220年开始至420年东晋灭亡,这200年间关于书法理论的著作,据中央广播电视大学出版社《书法艺术》统计,主要著作有23部,平均约8.6年一部,这还不包括一些名气不算太大的著述。可见国人对于书法艺术的热爱、追求,是自古以来的传统。

当然,在中国书法史上也有匪夷所思的现象,如东汉赵壹的《非草书》云:"草书之人,盖技艺之细者耳。乡邑不以此较能,朝廷不以此科吏,博士不以此讲试,四科不以此求备,征聘不问此意,考绩不课此字。善既不达于政,而拙无损于治。"虽然毫无功利可言,而竟有人"专用为务,钻坚仰高,忘其疲劳,夕惕不息,仄不暇食。十日一笔,月数丸墨。领袖如皂,唇齿常黑。虽处众座,不遑谈戏,展指画地,以草刿壁,臂穿皮刮,指爪摧折,见鳃出血,犹不休辍"[①]。活脱脱的一个"草书'疯'"。

从"推动汉字走向世界"的角度观察,将汉字书法也推向世界,当为内容之一。这不仅是理所当然,也是势趋必然:因

---

① 《国学名篇鉴赏辞典》,上海辞书出版社2009年版,第691页。

为已经有例在先。

笔者读中文系时正处在"瓜菜代"①的日子里。为了缓解饥饿的痛苦,每周六学校都在大操场放映电影。有一次影片内容是主人公出来迎接客人,我发现客厅的背景里竟然有木制长方形的镜框,且一眼即可看出是汉字的条幅。惜哉,只因镜头一闪而过,我没有看清内容。当时心里一动,觉得西方人竟然也能欣赏汉字!大约是20世纪90年代,一次电视里有位嘉宾与主持人对话时,也说有些欧洲人的客厅里的确悬挂着汉字的条幅,而且他可以肯定这些欧洲人根本不认识这些汉字,当然更谈不上了解条幅的内容,仅仅是因为他们觉得条幅里的汉字很美,所以才放在客厅里。这个现象绝不是现在才有,恐怕从列强打开中国门户以后不久,就开始出现了。这是汉字走向世界的打前站的"尖兵"。

接受汉字数量最多的国家,除去日本,恐怕要数韩国。其前总统金泳三、金大中等的汉字写得的确不错。后来虽然由于种种原因韩国废除了汉字,但是有些地方却始终保持原貌。除了"光化门"之类的古迹以外,有的医院招牌,旧得几乎不能使用了,却还"靠"在大门前的水泥柱旁:"××病院"。"法国

---

① 1959~1961年,是国家经济暂时困难时期。这一时期粮食紧缺,以瓜菜代粮,故称为"瓜菜代"时期。

第一章 筑梦世界文字——仓颉工程

的著名学者柯乃柏指出:'随着中国对世界影响力的加大,中国的文化瑰宝之一的书法艺术正在成为欧美人的欣赏对象。比如说在今天的西方城市中,你去逛街或看电视时,就会发现,广告里用中国毛笔的那种线条装饰。这也是因为对中国书法的神秘感,慢慢开始影响了外国人的审美趣味诸多方面。'"①

中国学者蒋彝先生的《中国书法》,于1938年在英国出版后,截至1971年竟重印8次之多。到了20世纪80年代,纽约州立大学等几个名牌大学成了传播中国古老书法艺术的中心。其中在纽约州立大学教授中国书法的是著名作家於梨华女士,用的教材就是蒋彝先生的《中国书法》。英国美学协会主席赫伯特·里德在该书的序言中写道:"使我们特别感兴趣的是中国书法这一美学与现代抽象艺术的美学之间的相似之处。"②

当然,最引人注目的是毕加索的评价。20世纪50年代中国曾在法国办过书法展览,毕加索看过展览后对某报记者说:"中国书法是一种独特的抽象艺术,用生动的线条来表现抽象的思想情感,妙极了! 我如果生在中国,首先要成为书法

---

① 常敬宇:《中国书法如何走向世界》,《汉字文化》2014年第4期。
② 常敬宇:《中国书法如何走向世界》,《汉字文化》2014年第4期。

家,而不是画家。"

总之,当西方艺术家们了解了中国书法的原理后,他们力图从优秀书法作品中获得的基本要素也只有三点:第一,师法自然,这是指导思想;第二,三位(人、笔、纸)一体,这是方法;第三,静中有动,这是效果。

这里需要说明的是,第二点在"境界"上必须达到一定的高度才行。例如抗美援朝时,有一位志愿军狙击手是个战斗英雄。他百发百中的条件是:必须用他自己专用的老式步枪。如果换支枪,不管多么"先进"他都打不准。这是在"境界"上人、枪、目标高度统一的典型。在书法艺术上,不管哪国人都逃不出意识上必须人、笔、纸融为一体这条规律。

由上可知,书法艺术要像汉字一样走向世界要困难得多。但是有其弊,也必有其利。一旦哪怕是一位艺术家从汉字书法中受益,那么其宣传介绍的作用就会远远超过一群普通人的作用。这里就牵涉到走向世界的路径、方法问题。笔者只知道作为"非母语文字"的外国人学习汉字书法,前提条件是必须有一定数量的汉字基础,再往后实在拿不出什么高见。幸好手头有一篇北京语言大学常敬宇教授发表在《汉字文化》上的《中国书法如何走向世界》的宏文,现将其中的主要精髓摘录如下,以便抛砖引玉。

第一章 筑梦世界文字——仓颉工程

汉字的笔画线条化和规范化达到了完善的程度,几乎完全脱离了象形图画文字,成为整齐和谐、十分美观的基本上的方块字体。同时成为比较抽象的符号系统(形声字占多数)。

因此,我们不妨先对一些汉字做一些形象化的处理,如用溯源法,即先从生动形象的甲骨文中撷取几个反映大自然山川的字如"日""月""山""水"的形象写法(日月山水),说明汉字原始依类形象的造字法。接着又把"日""月""山""水"的篆隶楷行草五种不同字体的字形用毛笔展示出来,并说明这五种书体的演变过程,让他们了解到中国汉字的发展史,同时也是中国书法的发展史。我们可以向学生展示书法的甲骨文、金文大篆或石鼓文、秦篆、汉隶、唐楷及晋唐的行草书,借此介绍魏碑、王羲之的《兰亭序》、欧阳询的《九成宫》、颜真卿的《多宝塔碑》、柳公权的《玄秘塔碑》等名家作品。

中国软实力的提升有赖于民族文化的发展与繁荣。以书法艺术为代表的优秀中华传统文化,不仅要做到全民普及,还应该在世界文化舞台上与西方文化进行平等对话。

我们讲到汉字的书法结构时,可以依据生活常识。例如讲汉字的上下"天覆"结构时,可以联想中国宫殿大屋顶的覆盖特点,这样外国学生不仅了解这样的结构容易传达稳定的审美心理的感受,同时又可以了解到中国建筑文化的特点。

目前,喜爱和学习中国书法的外国人士与日俱增,原因在于中国书法是中国传统文化向世界传播的上乘载体。书法既能代表中国传统的高雅文化,又能代表民俗文化。它不仅能表现中国古代文人对雅致与精洁的追求,也能传达民间百姓对于富贵、长寿、康宁、好善、好德等吉祥美好的祝福,因此它是一种全世界人民都不排斥的和谐文化。英国著名哲学家罗素曾说:"中国至高无上的伦理品质中的一些东西,现代世界极其需要。这些品质中我认为'和气'是第一位的。这种'和'的品质如果能够被全世界采纳,地球肯定比现在有更多的欢乐和祥和。"联合国秘书长潘基文先生非常赞叹中国书法艺术中隐含的伟大智慧,他在"企盼和平——2012年新春书画作品展"开幕式上说:"来自不同国家的人们被一个不属于他们自己的文化传统所深深吸引。"这个传统文化便是以书法为载体的中国文化传统。

较世界其他艺术而言,中国书法无论是在使用工具方面,还是在书写内容方面,至今都未受到太多异质文化的影响,是一种非常纯粹的中国艺术。在世界文化之林中,书法能将中国人独特的审美追求以及生活情趣完美地展现给其他民族，这可以说是它在当今世界传播的一个优势。但也可以看到，中国书法向世界的传播并非一种单向运动。西方艺术家在中国书法艺术中寻找到灵感并影响其艺术创作；反过来，西方的艺术又会对中国书法的创新有所启发和促进。中国书法走向世界，向世界开放，同时也从世界文化中汲取营养，唯其如此，中国书法才能与时俱进，才能创新发展，在与世界文化交流的融合中才能得到新生，才能在世界文化之林中展示它新的魅力和悠远动人的前景。

汉字的走向世界给书法艺术拓宽了道路，而书法艺术走向世界，又给汉字走向世界增加了动力。

6. 艺术上中国画有些独到之处，可能水墨画最难。因为它只有黑白两种颜色，却必须用这个黑白过渡表现世间万物。有些情况在现实中的确存在，而要在画面上表现出来却几乎不可能。例如"乍暖还寒"时候的河边，如果有个人站在距河岸数米处的小岛上朝岸边望去，水面上厚厚的冰层虽是透明或半透明的白色，但是底部却"包含着"一层"黑区"。这时那个"黑区"是运用任何画种都非常难表现的。但是在宣纸上，水墨里溶解明矾少许即可有此效果。其他种类的绘画虽然也可以画，但不论是神似还是形似，效果皆比水墨画差得多。

中国梦:推动汉字走向世界

其实走向世界在某些特定的情况下,也可能是个互相学习的过程。例如有电视报道:山西某佛寺的壁画,僧人宽大袖子的垂直线条有两米多长。从实物可以看出,垂直度没问题,因为基本功可以练出来;但是长度绝对不行,因为人的身高是有限的。而从实物来看,它的中间绝对没有衔接的痕迹,即的确是画家一笔勾勒出来的。那么这位古代画家是怎么做到的?诸如此类的问题可能还有,这就是说,中国美术在走向世界的过程中,不但要介绍我们的成就,同时也应该同外国艺术家一起探讨中国艺术上的未解之谜,向外国艺术家学习一切值得学习的地方。

其实中国古代文化领先于世界的项目还有很多,有的现在还在使用,例如罗盘。时至今日不论多么先进的轮船、军舰,都必须安装一个罗盘,这样即使有电力故障或作战中导航设备损坏,还有罗盘可以导航。"法国伊朗学者阿里·玛扎海里所著《丝绸之路》这一部巨著中有许多关于中国古代发明创造的论述,大多数为我们所不知。""我们这样一来就可以理解安息——萨珊——阿拉伯——土库曼语中一句话的重大意义:'希腊人只有一只眼睛,唯有中国人才有两只眼睛。'"[①]这

[①] 朱维之,韩可胜:《古犹太文化史》,经济日报出版社1997年版,第6~7页。

第一章 筑梦世界文字——仓颉工程

是阿拉伯人说的,并非中国人自诩。

上述几例仅希望孔子学院在教授汉语汉字时,将这些内容以"载物"的资格增加进去。否则,单纯教授汉字,而没有结合实际的用途,以笔者参加扫盲的体会,效果可能不会太好。

7. 笔者还认为,汉字走向世界是历史的必然,而汉语则不可能那么理想。世界上每个人都有一种或几种母语,而母语的语音影响是非常巨大的。例如在新疆的一些会议上,会场上的发言人无论是汉族人,还是少数民族,即使都使用汉语发言,旁人也能分辨出发言人是哪个民族的,因为母语语音的影响太明显了。世界各个国家的语言同汉语之间的差别,要比国内各地方言之间的差别大得多。因为除了在学校学习汉语外,他们基本不会接触普通话,所以他们说的汉语一般都会夹杂着大量的母语语音,其与普通话的差别只能是更大。

全世界所有民族都有他们自己的文字,而且没有任何两个民族的文字是绝对相同的,包括分化出去的"母民族"与"子民族"在内。

五、登"珠峰"兮路漫漫

如果把汉字打造成"世界文"的工作比作攀登珠穆朗玛

中国梦:推动汉字走向世界

峰,恐不算夸张。目前孔子学院好比处在海拔5000多米处的大本营,正摩拳擦掌准备往更高处攀登。但是前面还有许多可见或不可见的困难正等着我们一个一个去克服。

(一)历史的选择

在20世纪与21世纪之交,一家电视台的汉字节目的一位嘉宾说:"我们的祖先太聪敏了,一开始就选择了'表意'的文字……"其实这是个误解,因为这不是祖先的选择,而是历史的选择。相传,黄帝曾被公推为首领,后因击败并追杀蚩尤而被公推为"部落联盟领袖"。① 由此可以看出,中国从远古开始就是个以部落为基础的基本统一的大国。随之而来的问题是信息的交流,不但有部落之间的交流,更重要的是各部落与中央的信息交流。那时的信息交流只有两种:语言和符号。但各部落的语言是不可能相同的,例如居住在山林与水边的部落,语言绝对相差很远,甚至同样居住在水边,但河边、湖边、海边的部落,语言也各不相同,因为他们生活的环境差别很大。

但是,信息交流又是必需的,这时只有一条路:一切"符号"必须表意。只有"表意"的符号,中央与各部落、各部落与

---

① 《辞海·中国古代史分册》,上海辞书出版社1988年版,第210页。

第一章 筑梦世界文字——仓颉工程

各部落之间才能互相交流。这就是说,汉字的前身——符号一开始就是表意的,汉字的表意不过是继承了这个传统。由此也证明,前文中提到的"一文多语"的现象,从远古开始就是这样,这是从老祖先那里继承下来的。所以这是历史的选择,而并非我们的祖先比表音文字的民族聪敏多少。

由于汉字表意,它的向心力是无比巨大的。《三国演义》正文第一句话就是"话说天下大势,分久必合,合久必分"。作者虽然只总结了晋朝以前的历史,其实以后何尝不是这样?东晋以后分为"南北朝",唐朝以后又有"五代十国"。元朝的建立是汉人将全部土地"分给"了蒙古人,但是不到百年又被朱元璋"合"了回来。清朝虽然也"分得"了汉人全部土地,但他们采取了另一种方式:学会汉语、汉字后,又融入汉字文化之内。

这一切全是历史的选择。

(二)发扬优良传统,扩大"汉语文字学"的科研领域

对于文字的研究,在世界范围内属我国最早。因仅限于汉字的范围,故只能称为"汉语文字学"。大致可以分为六个时期。

1. 秦汉时期。从秦到西汉以编纂学童的识字书为主。东汉时期古文经家注意研究相传的篆文、古文、籀文,分析造字原则,创六书说,开始建立文字学。和帝时许慎作《说文解字》,创造按形体偏旁编排表意文字的方法,分别布居,据开联系,成为中国第一部字典,也是世界上最早的字典之一,影响极大。

2. 魏晋南北朝时期。文字增多,出现异体字及增益偏旁的字,由此又出现注解详细的字书,同时也出现按韵编排文字的韵书。这是一个编纂字书的时期,自东晋以后也是音义书盛行的时期。

3. 隋唐时期。为确定楷书规范、减少错讹,故有"字样"之学,使楷书趋于定型。对文字形体尽量要求纯正,正体、俗体分别很清楚。除刊正文字的书外,还有很多属于《时用要字》之类的书籍。五代时南唐徐锴始有《说文解字》的注解,成一家言。

4. 宋元明时期。宋代出现了《说文》刻本,字学开始复兴。始而学者注意搜集古文字,编订成书;继而根据古器物或石刻等实物从事古文字研究,为文字学研究开辟了一条新路。从南宋到元代又有杰出之士,重新用六书探讨表意文字制作的原则。

5. 清代时期。此乃经学的昌盛时期,要通经传就必须研究文字、音韵、训诂,故文字学亦随之兴盛起来。乾嘉之际学

第一章 筑梦世界文字——仓颉工程

者尊崇汉学,《说文》研究最盛。他们以古音知识为基础,把文字、音韵、训诂融会贯通,向新的语言文字学方向发展。从道光开始至光绪年间,钟鼎文又成了文字学的新领域。

6. 近代。近代学者对文字研究所取得的成果比较多。研究的资料包括甲骨卜辞、铜鼎铭文以及玺印、竹简、木简、绢帛、石刻等所有的古文字和唐宋元明时期书籍中的俗体简字,研究内容之广前所未有……有的学者如王国维、郭沫若更由文字以考证古史和古代的社会文化。研究的方法特别重视分辨材料时代的早晚,多数学者能破除六书说,根据古代器物上的文字探求古人造字的原则和字形结构发展的规律,同时也从形体上考索字的本义跟引申义的关系。因此文字学有了很大的发展,并成为语文教育的一部分。

以上六点皆出自《中国大百科全书·语言文字》,从中可以看出,我国古代对汉字的研究从时间上看可谓从未间断,成就巨大。但并未放眼世界,从未研究过拼读文字,这当然与经济发展水平有关,在当今"推动汉语言文字走向世界"的中国梦的大潮中,就显得非常不够了。现在来看看国际学术领域的情况。

笔者查到相关资料,学术界只重视语言,而忽视文字研究。学术门类中似乎没有"文字学",更没有"汉字学"。《简明不列颠百科全书》中工具书有"语言学""语义学"等9个(不包括例如"比较语言学"等非"语"字开头的)词条,且都在千字以上。关于文字则仅有介绍较多的"文字"一个条目,绝无哪怕是一个有关"文字学"的条目。笔者又竭力查阅了许多关于学科介绍的书籍,尤其是改革开放后出版的各种新学科"手册",竟然也没有文字学科,更没有"汉字学"。唯一有参考价值的《文字的产生和发展》,却是"史"而非"论"。

那么"文字学"在语言学里的情况如何?空口无凭,举例为证。

《简明不列颠百科全书·语言学》将近4页半,近13000字。其中关于文字学的介绍是:"这是研究文字的形状、体系、起源、演变和发展的学科。文字学研究世界上各种不同的书写系统,不限于一个民族或国家;但是按汉语习惯,也常把'文字学'作为汉语文字学的简称。"总共71个字,仅相当于语言学条的5‰。这里不是批评或埋怨谁,而是说明20世纪80年代改革开放刚开始时,学术界的认识水平有限,即使是今天也未有大突破。这种不公正的评论加上一些其他错误的观点,使得汉字处处受到不公正的待遇甚至遭到打压。

语言学领域有一个传统观点是:"语言是文字书写的对象或内容。而文字是书写语言的工具或形式。文字为语言服

第一章 筑梦世界文字——仓颉工程

务,是辅助语言的交际工具,要同语言保持一致的关系,文字依附于语言。"①

笔者读中文系时曾不知天高地厚,想比较俄语同英语语音上的区别,求教于曾留学英国的高斌老师,要求他准确地发音时,他说了下面一段话:"我上初中时可以用英文写日记,大学上的是英文系,毕业后到英国留学时,我说英语英国人却听不懂,他们说话我也听不懂。你想学英语就先记单词,只要能看书就行了。周围没有说英语的人,你不可能说得很准。"这时我突然想起一篇回忆录中记载的一件事:某名人在火车上阅读英文版书籍,一洋人进来后跟他搭话,但是,双方都听不懂对方说的英语。于是这位名人就埋头看书,假装没听见。在中华人民共和国成立以前像高老师这种情况,能阅读英文版书籍,却不会说英语的名人、文人大有人在。但就是这些人说"英语",也可以肯定多半是"各执一词"、绝无雷同。因此笔者有如下认识。

第一,语言的存在是一种非物质的社会现象,瞬间即逝。文字则存在于物质之上,具有历时性。要说存在于物质之上的东西"依附"于瞬间即逝的社会现象,于常识、道理皆说不

---

① 邢公畹:《语言学概论》,语文出版社 1992 年版,第 271 页。

通。因为事实是:文字的唯一功能是"表意",这一点同语言重合。但是文字有一定的稳定性、继承性;后来语言虽然变化了,但文字由于它的继承性,因此仍然保持相对稳定而不会"见风使舵"。拼读文字开始同语言一定是统一的,即怎么说就怎么写。后来语言虽然有所变化,但文字却不会立即跟进。一个铁的事实是,英文中有些不发音的字母(法语更多),它们是怎么"混进来"的?根据拼读文字的读音规律,开始时这些字母一定是发音的,只是后来语言变化了它们才不发音的。但是文字的继承性使这些不发音的字母保存了下来。出于同样的道理,俄语的书写也有少数同读音不一致的地方。例如"миг"飞机按怎么写就怎么读的原则,中国书报皆翻译成"米格",其实俄罗斯人是读"米克"。这种语言变了文字却没有及时跟进的例证,还可以举出许多。

第二,表意的汉字与此完全相反:语言必须与文字保持一致。全国方言中有数不清的音节,但汉字里没有;若需文字表达,则必须"翻译"成"字",否则社会就不会承认。前文中"众语一文"或"一文多语"的现象是语言文字的一条重要规律的具体表现。"文革"时期,"毛泽东让军队介入'文革'"中的"介"就是"汉语依附于汉字"的典型。

"文字依附语言"的观点早已"固化",其造成的恶果是:汉

第一章 筑梦世界文字——仓颉工程

字的表意特点或优势过去不是被污蔑就是被曲解,起码是避而不谈;因此不论哪国人都有很多人不是说汉字难,就是说汉字落后,甚至还有人嫌汉字"丑",似乎这些人比曾称赞汉字书法艺术的毕加索的审美能力还要高。但是没有一个人能拿出科学的证明,甚至拿不出起码的数据来。而这一切就要求建立强大的专业性科研团队,对此进行理论上的总结。否则,这一切不实之词形成合力后,汉字就会像一架飞机后面拖着一把硕大的"减速伞",永远飞不高也飞不快,更飞不远,最后还必然发生事故。可见"洋字"基因的入侵已向国人发出了危险的信号。

第三,由于历史原因汉字被误解、歪曲乃至咒骂,已经不是一天两天,而是一百多年了。如果这些误解、歪曲乃至咒骂得不到答复,是不可能实现使汉字走向世界这一目标的。而要想得到答复,没有一支强大的理论科研队伍,也是不可能的。故此乃"世界文"所必需。虽然时间长,开支大,但是见效后它的作用却是无可取代的。这是一切软实力的共同规律。专业的科研团队包括"世界文"系统工程、"世界文"预测学、"世界文"未来学等所必需的人员、机构、经费等。总之,过去许多不适合表意的汉字的结论必须扳正。

据此,在"推动汉语言文字走向世界"的大潮中,必须创建名副其实的"汉字学",抑或先创建"文字学",再将"汉字学"作为一个门类从中分出来;如果再下大力气组织一批高级专家建立"比较文字学",对表意、表音两种文字仔细对比,当然就更能说明问题。届时如果的确用事实证明汉字是劣等文字,国人当欣然接受,作为大国、文明古国,国人当有此肚量。语言学界的专家学者们,若有人对这些课题有兴趣,定会夙兴夜寐、孜孜以求。笔者不才虽非文字专业,却愿在本书第二章《汉字"难"的"攻玉"解读》中对此进行专门讨论,以对建立"汉字学"聊尽绵薄之力。

为此创办专业的《仓颉工程》乃是最起码的要求,还应该进一步创建新的学术研究领域:《文字学》或《汉字学》、《比较文字学》、《汉字学・比较文字学》。当有了一定的条件后,该领域就是一个专业学科。只有对汉字进行专题研究,汉字发展成"世界文"才有坚实、雄厚的理论支撑。

笔者将汉字打造成世界文的工作命名为《仓颉工程》,本文仅撮其要,加以说明。关于网站,能将汉字的表意功能最大限度地发挥出来,它就是未来的主要宣传阵地之一。可见创办专业杂志、建立全民性的网站是必需的。有关"大论坛"的文章最好是在《仓颉工程》《汉字文化》《北京语言大学报》上同时发表,以扩大宣传力度。这方面过去央视已经有意无意地

第一章 筑梦世界文字——仓颉工程

做得很不错,下一步便是如何进一步提高的问题。此乃常识,恕不赘述。

(三)关于夏历等国粹的推广

如果说在非洲推广夏历以提高当地的农业生产,恐怕没人反对。但是如果问困难有多大,恐怕人们一般回答不出来。世界各国的历法不尽相同,但主要有三种:一是太阴历,简称"阴历"。二是太阳历,简称"阳历"。三是阴阳历,亦称夏历或农历,名称源于它是"同时考虑太阳和月亮的运动,把回归年和朔望月并列为制历的基本周期。由于这两个周期没有公约数,因此常常用增设闰月的方法来调节两者的关系"①。我国至晚在殷代已经开始使用阴阳历,直至清末已经有百余次的修订。由于太阳、月亮的相对位置对地球农作物的生长都有影响,而"阴阳历"就是根据地球、月亮、太阳三者之间的相对位置制定的,因此至今它依然同农业生产息息相关。也正是因为此,不论在哪里,特别是在粮食生产还不过关的国家推广起来,却有许多困难。

1. 编写阴阳历书首先要计算太阳、月亮的运动情况,以便准确地推算出二十四节气的时刻、朔望两弦的时刻和安排

---

① 徐振韬:《日历漫谈》,科学出版社 1978 年版,第 19 页。

中国梦:推动汉字走向世界

大、小月及闰月等关键时日。其中计算月亮的一个位置,就需要计算1650多项算式,而一年内需要计算的月亮位置就有700多个。其次要计算出二十四节气的时刻,以及在黄道上从黄经285°(小寒)起,每隔15°太阳通过这些点的时刻。通常计算一个太阳黄经的数据,要经过一百几十项的繁复计算。虽然当今的电子计算机高速运转,但工作量仍然很大。

2. 编制非常困难,使用也不容易。例如每年分12个月,每月有两个"节气"。但要经常"闰月",即一年有13个月;而究竟哪一年有闰月,"闰"的是哪个月却不一定。再如节气之间约有十来天,对于农作物还是不好掌握,故"节气"之间还有些"杂节气"。如"三伏包括初伏、中伏和末伏。伏是藏伏的意思……农历规定,从夏至开始,依照干支纪日的排列,第三个庚日为初伏,第四个庚日为中伏,立秋后第一个庚日为末伏。初伏到中伏显然是十天,但中伏到末伏有时是十天,有时是二十天"[①]。

就算这一切已经完成,还必须由国家出版这种专业、专职的"皇历"书。这笔开支比较庞大,它包括常设机构各种运作的开支,还包括各种专职人员的工资、仪器维修或更新费用

[①] 徐振韬:《日历漫谈》,科学出版社1978年版,第49~50页。

第一章　筑梦世界文字——仓颉工程

等,但是对农民却几乎是免费使用。故在"第三世界"国家,这可能是个很庞大的数字。但是不管掌握起来多难,成本有多高,"不违农时"是所有国家都极为注重的政策:"必须吃饱肚子"这个真理是不分时间、地点和国籍、宗教、民族的,所以从对方的主动性来衡量,又是非常容易的。

越是好的东西,学习、掌握起来越困难,制作经济成本也就越高,我国的夏历是个典型。

3. 从"世界文"的角度考虑,利用夏历提高农业生产是许多国家都很需要的。其他如珠算、社科学术研究等在实施帮助的过程中,所必须克服的困难同此相仿。若此我国所必须付出的代价将是个很庞大的数字。虽然开支庞大,但却值得一搏。这不仅是"推动汉语言文字走向世界"所必需的,也是对如非洲朋友曾大力支持我国恢复在联合国的合法席位的一种回报。

4. 其他如珠算、我国古代科技发明、光辉的古代思想等的推广介绍,同样面临诸多困难。

(四) 汉字本身尚须"强身健体"

关于汉字说起来令人沮丧,《第二次汉字简化方案》被废除后,媒体上逐渐出现越来越多的病句,这是"文革"时期都没有出现过的怪事。

1. 我国传统的度量衡单位已经改为公制，但有些人还不过瘾：一定要比公制还公制，比洋化更洋化。例如电视解说词突然将"公里"改说"千米"，"10公里"也硬改说"10千米"，"公斤"改称"千克"，"1吨"改说"1000千克"。这是缺乏常识的"改变"，因为数字后面的单位必须是该数字所能包括的最大单位，否则就会乱套。不信可先考察一下思维过程。若说"1000千克"，读者或听众大脑的反应必然是，先来个1000×1000，然后才想到"克"。若说"1吨"就没有这个计算的麻烦。虽然两种说法表示的概念相等，但读者或听众理解时所付出的精力相差很大。所以当谈到美国航母的排水量时，央视一套的专家们都是说"10万吨"，从来没有说"1亿千克"的。再如将"千米"定为最高长度单位，那么如法炮制"1.7光年"，"千米"后面要加十几个"0"；就算作者能算出来，读者要想准确理解最快也得几分钟才行。这是给读者提供方便还是制造麻烦？如果强调度量衡必须彻底改称，民歌《三十里铺》是否改成《15千米铺》？西安市的"丈八沟村"怎么改？蒋百里是人名，家属是否同意改？其他如退避三舍、不为五斗米折腰、千钧一发等数不清且具有丰富文化内涵的成语改不改？如果

第一章 筑梦世界文字——仓颉工程

改,那要怎么改?①

2. 关于速度,如纸上写着"50公里/小时",但在口语中则为"每小时50公里"。此乃口头表达与书面用语有异之故,但概念、意义完全相同。当今屏幕上硬改说"50公里每小时"。若必须改,类推下去说"都领工资每个月""三顿饭每天",这还是中国话吗?愚以为有本事的就去将"香烟"改称为"熏烟"或"呛烟"。

3. 成语"一箭双雕"源于历史故事,有"功夫到家方能如此"的寓意。近些年不少文化人不知是"洋墨水"喝得太多,还是"土墨水"喝得太少,一定要说"一石二鸟"。以笔者少时玩弹弓的体会,这是在吹牛:因为速度差得太远。此外,"石"的外形如果太不规则,不但飞行路线偏离预计太远,特殊情况(例如有内伤而中途分裂)还会"折飞"。若坚决不用"一箭双雕",还不如用维吾尔族成语:"一颗子弹打两只鸽子"。"狡兔三窟"和"不能把鸡蛋放在一个篮子里",不论从语言的简练还是从寓意的深邃上比较,关系皆如同上例。从心理学的角度分析,用鲁迅的话说,这是"弱国心理":越是表现自己"洋墨水"喝得多,结果越是显示出自己的无知。

---

① 美国的度量衡乃承英制,后英国虽然将英制改为公制,但美国人却始终坚持"英制",至今不改。

4.电视上的解说词,有时将"楔形文字"称为"钉头文字"。起初我以为是"口误",后来见上海锦绣文章出版社、上海咬文嚼字文化传播有限公司出版的《挑战你的字慧——汉字知识百问百答》一书中说,楔形文字"因其笔画一头粗,一头细,犹如钉子一般,所以又称钉头字"。《简明不列颠百科全书·楔形文字》中则称"这种文字是用一支斜尖的笔画在泥版上的,所以笔画呈楔形"。即"楔形"意为笔画虽有粗细变化,却没有呈角的"台阶";而"钉头字"按汉字表意的理解,笔画当是"T"形。这种"又称"的名不副实之处,连小学生都能看出来。权威的《现代汉语词典》直到第6版的"楔形文字"条也没有"钉头字"的"又称",不知这个"又称"是谁的"发明"!语言文字上这种加楔子式的从劣蜕化,必须得到净化!

5.《咬文嚼字》中曾两次指明:"摄氏××度"应为"××摄氏度",因为"这是一个法定计量单位,不能随意拆开",并指出《天行者》中的"零下40度"应写作"零下40摄氏度"。不知这又是哪位高人的"发明"。法定计量单位若是单纯词当然"不能随意拆开",如热量单位"卡路里";若是复合词且同数字有关则必须拆开,例如"北京地处东经约116.3度",如果随意拆开,改成"北京地处约116.3东经度",那么"中华人民共和国成立于公元1949年"岂不是要改成"中华人民共和国成立

第一章 筑梦世界文字——仓颉工程

于1949公元年"吗？1987年版的《辞海》第974页"温标"条明明写着"例如摄氏28度记作'28℃'"，《天行者》的"零下40度"怎么就错了？①

6."洋字"基因入侵。改革开放好比打开窗户让新鲜空气进来，但是苍蝇蚊子甚至病毒也随之而来。权威辞书《现代汉语词典》第5版、第6版皆赫然收入"西文字母开头的词语"182个和239个。除"α粒子""γ射线"等20来个"词"含有汉字的部分表意外，其他如 ABC、ADSL、CD-ROM 等全为拉丁字母缩写。从"世界文"的角度分析，拉丁字母是"表音字母"，却纳入表意的权威汉字辞书强迫国人接受！这是"洋字"基因入侵汉字肌体"合法"的表现形式。②

7. 2014年4月上旬，关于"PX"究竟表示"低毒"还是"剧毒"的争论展开。传统上这么重要的内容必须用汉字说明"低毒"或"剧毒"，如果一定要崇洋，"PX"也只能在后面的括号内注上。某名电视台请一名牌大学生表态要"捍卫词条"，但是却不说哪个字母表示"低"或"高"，哪个字母代表"毒"；更不说

---

① 《正确地使用祖国的语言，为语言的纯洁和健康而斗争！》，《人民日报》1951年6月6日。

② 参见文艺复兴时期16世纪法国七星诗社的宣言论文《保卫与发扬法兰西语言》。

53

"PX"源出哪种"洋文",哪部外文词典收有这个"词条"。笔者查阅了几种有代表性的外文缩略语辞典、大辞典,均未见此"词条"。这证明"PX"是个来历不明、随意捏造的"黑词":因为没有文字根据,厂家、商家都可以指高为低、颠倒黑白,反正专家"再大"也找不出破绽。从"世界文"的角度看,"PX"是个无名病毒,不仅已经侵入本来就已经一分为二、不算健康的汉字机体,而且名牌大学生竟然还出来捍卫"黑词"!这里面是否有权钱交易?药物领域以外例如食品包装上的"洋文",谁敢说没有这种"黑词"?这种"洋字"基因入侵造成危害的严重性远非常人所能想象。

汉字汉语的蜕化和充斥媒体的外文基因入侵,无时无刻不在无情地毒化、摧残中华文化已经不算健康的机体。长此以往不要说汉字向"世界文"进军,它若不被表音文字征服就算幸运。历史上不乏野蛮征服文明的史实:罗马帝国后期,"蛮族"蚕食罗马疆土逐渐成瘾,最终又征服了它。虽然后来文明又征服了野蛮,但是,结束这个"黑暗时代"的并非原来的那个罗马文明,而是基督教文明。即最后虽然野蛮又被文明征服,但这个征服者绝不可能是原来的那个文明。

(五)中流砥柱

值得欣慰的是基础教育基本没有受到影响。据信阳市浉河区教体局教研室吕本生先生介绍：国家语言文字工作委员会、教育部对文字的规范化抓得很紧。中小学教材目前虽有诸多版本，因皆"以典范的现代白话文著作为语法典范"，且不管谁发现不规范之处，皆可随时向出版社反映，出版社次年也必然改正，故目前还没发现前述病句。但理科教材却有科技语言同生活语言相混的现象。

民间对这种洋化语言却不买账。笔者在自己居住的小区后门外的农贸市场发现：蔬菜买卖的磅秤上明明指的是1公斤，卖者偏要说"2斤"。他们对换算非常熟悉；不管屏幕上怎么"示范"，菜农们从来不买账，都是按传统的斤、两计算。由此笔者又想到本文开头所述长台关的卷舌音（俄语的p），连普通话都改变不了它。笔者愚钝，不知这个现象是福还是祸；抑或祸兮福所倚，福兮祸所伏。

六、小结

（一）汉字荣登"世界文"宝座的标准及其归宿

1. 因汉字表意，故最后它就像"符号"那样融入世界各地的文化，但它只能是对当地文化进行必要的补充，成为当地文化的一部分，而绝非其他。例如许多国家的书籍，内容如果是有关农业或夏历,相关部分则可能引用汉字夹叙夹议。这一点数学上的长篇论证已有例在先。最先吸收学习并达到这个水平的国家可能是少数,但随后跟进的会越来越多。不管先来后到,世界各地对汉字的发音虽然不一定很准,但对汉字字意的理解、运用则亦如对"符号"那样准确无误。

2. 在国际会议上用汉语发言(一定是"南腔北调")的人远比用英语发言的人多;会后也可能由于语言不通,出现"众语一文"或"一文多语"的现象;这时汉字已是事实上的"世界文"。文字是最主要的软实力之一,虽然成为"世界文"还很遥远,却值得国人全力以赴地去争取。

3. 将全世界母文字并非英文,但又会英文的人归为一个群体,那么同等水平的母文字亦非汉字,而又懂汉字的人数要远超前者。

4. 据说攀登珠穆朗玛峰的人,即使没有竞争对手,也绝不会因此放慢脚步,而是以几乎达到体力极限的努力,争取早点到达光辉的峰顶。

(二)"栽树"和"乘凉"

柴门霍夫的"世界语"虽然没有成功,但他和他的支持者、后来者的工作证明,今后必须另辟蹊径。柴门霍夫等人的工作与我们的"世界文"之间是"栽树"和"乘凉"的关系。

第一章 筑梦世界文字——仓颉工程

(三)"三足鼎立"及其他

孔子学院和北京语言大学若将汉字打造成"世界文"作为教学内容之一,它就与中医、武术合起来呈"三足鼎立"之势,承担起"传播中华文化"的繁重任务。要想使这个任务完成得更快更好,就必须有诸如生物学、技术科学等也能领先于世界,作为新的支撑点。而这一切又离不开中央电视台、孔子学院对北京国际汉字研究会、北京语言大学的全力支持与配合。

(四)"仓颉工程"的归宿只能是汉字以表意的身份像"符号"那样融入当地文化,读音如果中国人能听懂或能猜出就算不错;当然也可能出现"众语一文"或"一文多语"

届时在国际会议上若有人用汉语普通话发言,则能听懂的人比听懂英语的人多。这个场面我们这几代肯定看不到,但是十代以后华夏儿女必然有亲临谛听者,这是事物的发展规律。为这个伟大目标的预期或提前到来而奋斗,既是每个炎黄子孙的历史重任,也是为之自豪的义务!

(五)即使这样,国人对于各种外语的学习只能是越来越多、越来越合理

无论是当前的独尊英语或之前的俄语独大,皆属反常现象;持续时间越久,损失越大。以此类推,不论汉语汉字"世界"到什么程度,不但我们不能要求得利最多最大的国家独尊汉语汉字,就是他们这样做了,我们也应当极力制止。这是一个大国应有的风度。

(六) 将汉字打造成"世界文"仅是"中国梦"的内容之一,却是有史以来人类最伟大的系统工程

其难度及工作量不但远胜于建筑长城,也远胜于世界"八大奇迹"之和。但是,汉字是否真的能发展成"世界文"?孟子曰:"故天将降大任于斯人也,必先苦其心志,劳其筋骨,饿其体肤,空乏其身,行拂乱其所为,所以动心忍性,曾益其所不能。"这既是指路,也是预言或总结。愿以此与国人共勉。

(七) 本文虽然经过论证,认为汉字必然会发展为世界文字,但绝不认为"汉字是最优秀的文字"

因为文字无优劣,不论哪种语言文字,都是当地的历史形成、自然选择的结果,皆有所长,也必有所短,汉字绝不可能例外。

第二章

汉字"难"的"攻玉"解读

　　文字是文化最主要的载体,没有文字,文化就基本不能传承;文字也是文化的主要元素之一,因为除了实体文化以外,几乎一切文化信息皆可从文字中找到。因此对某种文化,如果没有对该文字的准确认识,就不可能有完整正确的评价。在满足必要条件的前提下,各民族对母语文字的掌握与运用,难度差不太多,但是对于非母语语言、文字的掌握认识却存在着许多分歧。一百多年来"汉字难"的问题始终困扰着国人,一些伟人、名人亦如此,相左的观点人少势弱。在"推动汉语言文字走向世界"的大潮中,"汉字难否"必须向全世界有个交代:学会汉字若真是难于攀登蜀道,国人则应主动提供攀登工具,以求最大限度地节约习者精力;反之,则应该摆出事实以理服人,以增强外国友人学习汉字的决心和信心。这一点对

中国梦:推动汉字走向世界

于孔子学院更为重要。

对于汉字的难易问题,过去的论述方法皆多局限于语言学范围,从文字学的角度分析较少,加之一些错误的观念混杂其中,使得长期不能作结。"分析出理论,综合出技术。"①此至理名言出自学术界老前辈季羡林的《〈东方文化集成〉总序》,对于理论与实践、科学与技术等产生的源头、过程及结果,此乃精确的高度概括。笔者以此为指南,将汉字与一些外文的基本要素一一进行对比分析,然后以某些公共学科的结论、生活常识来衡量、作结。诗云"他山之石,可以攻玉",可谓"攻玉法",效果可能会好些。这些"他山石"包括实践检验、分析化学的定性定量分析法、比较法、记忆等心理学方法,简易的数理统计、计算,其他如系统论等。以上方法有时也可能交叉、混合使用,先计算出学习哪种文字难度最大或最容易,最后再参考"效费比"作结。似非此无以服人。

---

① 朱维之,韩可胜:《古犹太文化史》,经济日报出版社1997年版,第8页。

第二章 汉字"难"的"攻玉"解读

一、对几个概念的准确界定

(一) 关于文字的分类

分类方法的不同,是由于需要从不同角度出发观察的结果。这一点在本书首篇已有过介绍,不再赘述。传统的分类方法有如下几种。第一,形态分类法,即根据语言的语法形态和特点进行分类。一般文献皆认为:按形态分类,汉语属"孤立语"。第二,结构分类法,是按照语言的句法结构对语言进行分类。若此,则汉语属分析语。第三,谱系分类法,是按语言的渊源、亲属关系将其分成若干"语系",又按这种亲属关系的远近分为若干"语族",它下面又分若干"语支"。汉语属"汉藏语系"。这些分类法不能解决汉字的"难"或"易"的问题,因为语言≠文字。《简明不列颠百科全书·文字》中将文字分为:(1)词符－音节文字,汉字名列其中。(2)音节文字。(3)字母文字。这种根据文字结构特点的分类法,虽然很准确,但是也不能解决汉字"难否"的问题。

为此笔者提出"母语分类法":按学习者的母语同所学某种文字的关系,可分为母语文字和非母语文字。任何人学习任何文字,只要是"母语"文字,就比较容易学会。这就意味

中国梦:推动汉字走向世界

着,同一种文字对于甲是"母语文字",对于乙却可能是"非母语文字",因此,同一种文字,甲和乙学习时的难度差别相当大。在新疆,汉、俄或俄、汉通婚的子女,其家庭内部是汉语、俄语交替使用的,故汉语、俄语都是他们的母语。这就是"语言环境"。如果上汉族学校,汉字就是他们的母语文字。其他民族儿童如果自幼上汉族学校,由于在学校一直说汉语,因此汉语也是他们的"母语",汉字也是他们的"母语文字"。任何人学习母语文字,皆因有"语言环境",故比较容易;而对非母语文字的学习,如果有"语言环境"相对也比较容易,否则就非常难。因为语言和文字是联系在一起的,如果先学会了某种语言,然后再学习它的文字;或是边学习某种非母语语言,同时也学习它的文字,就容易得多。例如兄弟民族子弟上汉族学校,学习汉字难度就同汉族一样。例如新疆的一些县、镇,在一条不太长的街道上或一个大杂院里,居住着好几个不同语言的民族。由于必须学会所有的非母语语言,才能跟不同民族的孩子们在一起玩耍,因此十来岁的孩子几乎全会说这一范围里所有的非母语语言。从语言学的角度看,这里所有的非母语语言都成了他们的母语。这些孩子长大后再学习童年时期学会的任何一种语言的文字,其效果是名副其实的"多快好省"。这个现象过去一直被忽视,因而造成理论上的一些误判,极大地干扰着人们对非母语文字的学习和认知。

(二)最难学会的是非母语文字

"母语文字",即该文字书写的是其母语。与之相对的"非母语文字",对于我国汉族人来说,它不仅包括外语,也包括我国其他少数民族文字。由于本文专门讨论"非母语文字"的学习问题,因此有个标准必须明确:外国人学习汉字、汉语非常难,这个判断正确的前提条件是中国人学习外文、外语"非常容易",因为都是在学习"非母语文字"。如果中国人学习外语、外文比外国人学习汉语、汉字更困难(不信看看我国中学生学习英语的那副可怜相,即知此言不谬),那么就应该说是"任何人学习任何非母语文字都非常困难"。即衡量外国人学习汉字、汉语的难度,同中国人学习拼读文字的"难度标准"必须相同,否则只强调"汉字难"不仅在逻辑上是错误的,道义上也是不公平的。

1.我国的维吾尔族和哈萨克族是新疆最主要的两个民族。虽然维吾尔族主要生活在农村,哈萨克族主要生活在山区,从事牧业,但他们学习对方的语言既有必要,也有如下便利条件。(1)虽然维吾尔语属查加泰语支,哈萨克语属基普查克语支,但是也同属突厥语族,词语上有不少非常近似。例如汉语里的"有",维吾尔语发"ba"的浊音,哈萨克语则在后面带一个轻微的卷舌音;"没有"在维吾尔语里是"yoko",但发"k"音时小舌必须颤动,哈萨克语则在词前加个"j"。所以他们用本民族语言交谈生活内容时,互相都能听懂。因此一般平民或农民,维吾尔、哈萨克两个民族之间通婚并不稀奇。(2)皆信仰伊斯兰教。(3)文字皆采用阿拉伯文字母。(4)城市里少数人口还杂居在同一生活小区。(5)一般单位的人员组成都是几个民族混杂在一起,其中也包括维吾尔、哈萨克两族,互相的交往、联系不能算少。语言上虽有差别,生活语言却差别不大。但是语言、文字在深层次的差别是非常之大,以至在农牧业会议上,维吾尔、哈萨克语之间有时还必须有口语翻译,学术会议当然就更不用提;政府发文件,对这两个民族从来都是用维吾尔、哈萨克两种文字。由此可以推断:世界上任何人学习非母语语言、文字,都要比维吾尔族人、哈萨克族人学习对方的语言文字要困难得多。可见世界上根本不存在容易学会的非母语文字!

2. 学习非母语语言、文字都非常困难还有一个"原因",过去很少有人提到,因而往往被人们忽视:不同民族的思路、习惯用语等相差很远。例如中国人说"与众不同",若是对俄国人只能说是"белая варона(白乌鸦)";遇到进退维谷的情况时,维吾尔族人会说:"我把两只脚穿进一只靴子里了!"这类

第二章 汉字"难"的"攻玉"解读

例子可谓举不胜举。

根据以上可以推断:中国人学习任何一种外语、外文,或任何外国人学习汉语、汉文,比俄罗斯、维吾尔两个民族的人学习汉语言、文字不知难多少倍。推而广之则证明:任何人学会任何一种非母语文字都非常难!

(三)拼读文字≠拼音文字,拼读性强的文字可能更难学

据说,拼读文字的读音是有规律的,所以容易学。但是有许多事实据此说解释不通。

1. 若此,英汉字典的国际音标、重音标号何用?起码英文的拼读规律性不强。

2. 俄文拼读规范得不用国际音标,但也不能绝对。例如:"много(多)"的"г"发舌根音,但是"ничего(还好,没什么)"的"г"则发唇齿音。俄国的"МИГ"飞机汉译时当读"米克",20世纪50年代空军里的苏联专家全这么读。现今媒体上皆译成"米格",乃不了解俄文音变规律所致。

3. 任何俄文字典都必然标注重音,这不仅因重音无规律,还因变化后有的重音要移动,有的字母还需变化或增减,读音自然也跟着变化;一般单词音节又较多,若重音读错,听者可能就不知所云。俄文单词标注重音的重要性与英文单词的国际音标相等。

4.有的文字读音规律性最强,但也可能最难学。"根据拼写法,很难知道现代法语怎样发音。不发音的字母到处都是,特别是在词尾时更是如此(hommes 发成 um 音,aiment 发成 em);但是,一般不发音的词尾辅音,如后面跟着一个以元音打头的词,这个辅音则常常发音……虽然法语发音的规律相当规则,但是实际发起音来,对英国人来说,是很难的"①。英国人拼读"发音的规律相当规则"的法语"是很难的",那么中国人就是难上加难了!

遥想人类发明文字之初,因为强调怎么说就怎么写,所以凡是写上去的字母肯定都是发音的,不发音的字母绝对不可能"混"进去。但是现在的情况是,包括以"怎么说就怎么写"为荣的俄语在内,也有不发音的字母,法文里更多,那么这些不发音的字母是怎么"混"进纸面上去的?答案只有一个:原来这些字母是发音的,不过后来因为语言发生了变化,有些字母不发音了;但是文字的惯性很强,仍然照写不误,所以能够延续至今。可见世界上根本不存在绝对的拼音文字,充其量只能算"拼读文字"。本章将以此概念论述。

---

① [美]肯尼思·卡兹纳著,黄长著,林书武译:《世界的语言》,北京出版社 1980 年版,第 63 页。

第二章 汉字"难"的"攻玉"解读

二、简单的数据统计

系统论认为,任何事物皆可作为一个"系统"看待,每个系统皆由若干"要素"组成。汉字"难"否？现按照季羡林"分析出理论"的教导,对汉字的要素进行逐个分析、对比并记分,最后以总分定名次。似非如此无以服人。本文以下关于学习文字难、易的比较统计资料,所有情况在以国语为母语、母文字的人看来,乃属正常现象,根本谈不上"难",但对其他国家的人来说是学习非母语语言、文字,必然"非常困难"。因本章专门论述"学习非母语语言、文字的难易"问题,故皆从第三者的角度观察、计分。

构成文字及其所有功能的每个要素以 10 分计,最高者得 10 分,表示易学；未达满分者,乃据常识估算,表示较难学会。最后再计总分,共有 15 种,总计 150 分。

(一) 读音

汉字是表意文字,虽然有时也可以"读半个字",但毕竟不是规律性的东西,而且就是这半个字也没有任何读音参考。

1. 中国人只上过四年学初小毕业的成年人,一般不会写任何材料,勉强写了也不能用；这些人对学习文化全都不感兴

中国梦:推动汉字走向世界

趣,甚至有反感情绪。20世纪六七十年代,新疆霍城县原种羊场书记兼场长马骥,是放牛娃出身没上过学的老八路。由于努力自学的结果,他的谈吐、文字表达能力当在正常中文系本科水平以上,毛笔字就是放在地级市书法协会会员里也在中等水平以上。这些都是走极端的规律,没有代表性,马骥先生的自学热情远非常人所能及。

2. 合作化时期农村生产队的会计、出纳,有的虽是文盲出身,但努力学习文化,几年后自学的读写能力都能满足工作需要。但有的人才脱盲就又去当社员,几年后又"返盲"了。一战时晏阳初在法国为华工办的(业余)识字班,有的人几个月就能写简单的家信,没听说有"返盲"现象。这说明学习的主动性及经常复习、使用,是巩固学习效果的主要条件,乃必须坚持的学习方法。

3. 新疆霍城县原十月(城关)公社医院医生给纳丁,夫妻皆为汉俄混血儿。汉、俄两种语言都是他们的母语,妻子尼娜(因忘其名,暂取代名)自幼上汉族学校,汉字是她的母文字。她说上汉族学校时"和大家一样,没感觉汉字难到哪儿去"。这说明从六七岁的发蒙时期开始,是学习汉字的黄金时期。其他语言、文字亦如此。以马克思的语录作比,尼娜属"正常的儿童"。

4. 尼娜女士还说:汉字就是"比较难",因为"俄语会说就会写,而汉字就不行"。事实不能回避。俄文虽然也有音变,但总的看来读音还是很有规律的,例如它不带国际音标。故读音方面:汉字得 0 分,俄文得 9 分,英文等得 7 分。

(二) 辞书查阅的难度

所有拼读文字的辞书皆以字母排序,这是最简便的办法。但是汉字的排序却有好几种,其中按音序排列即中国人所说的"韵书"最方便。"韵书也是字典之一种,不过它是按音编排的字典罢了。陆法言的《切韵》是现在能看见的最早的一部韵书。"①此外还有按偏旁部首、笔画等排序的。后两种排序不要说外国人,就是中国人查起来也不一定容易,因为许多字按偏旁部首去查,可此可彼的字很多,所以往往要查好几次。按笔画查亦同此。因为有些字的部分结构可此可彼的地方较多,例如"辶""廴""巡",各是几画?

对于学习非母语文字的外国人来说,最主要的难点就是读音,而恰巧最方便的音序排列,却要求使用者必须先知道读音,所以他们根本摸不着门。其余的两种查字方法,对于他们更是难上加难。故查找辞书方面:汉字得 0 分,而一切拼读文

---

① 王力:《汉语史稿》(上册),科学出版社 1957 年版,第 8 页。

中国梦:推动汉字走向世界

字皆得10分。

(三) 书写难度

汉字所有笔画全都安排在一个方框里,故必须记住每个笔画的位置,其活动空间很小。而拼读文字皆有较大的活动空间,而且只有左右两个位置,书写就容易得多。故书写上:汉字得0分,俄文等拼读文字皆得10分。

(四) 读写、使用中的似是而非

有些常用字是有几个读音。如:"数(shǔ)风流人物""数(shù)学""数(shuò)见不鲜"。古文中的一个民族"吐谷浑"中的"谷"读作"yù"、"龟兹"读作"qiūcí"等。有些字读音相同,用法不同,如"象、像、相"三个字有时也可以通用,例如"照相"也可以写成"照像",但是"相声"绝对不能写成"像声"。表示相同或相似时,"象""像"又可以通用。日常用语中写错的例如"苍",下面应是"卷"字底,很多中国人却写成"匕"。又如将"武"字的"弋"写成"戈"、"汽车"的"汽"写成"氵"加个"乞"……既然这些都是中国人学习汉语、汉字常犯的错误,那么外国人学习时错误肯定也在所难免,甚至更多。还有一种情况是"音同字不同"。如"甘拜下风"按常规推理很容易写成"甘败下风","黄粱美梦"很多人都写成"黄粱美梦",乃不了解"粱"指的是小米,那么外国人呢?以上这些除了中国的专业

第二章 汉字"难"的"攻玉"解读

人士外,一般人也可能经常出错。因此不论是文学作品还是民间的口头文学,关于错别字的笑话、误会的记载,可谓数不胜数。故在辨认、使用的难度上:汉字得0分,一切拼读文字皆得10分。

(五) 字词总量

100年,东汉许慎的《说文解字》收入9353字;1716年,张玉书等编纂的《康熙字典》收入47043字;1995年版的《汉语大字典》共收入56000多字(包括2000多"简化字")。上海辞书出版社出版的1990年第1版、1996年第13次印刷的《辞海》,"一般词语和专科名词术语12万余条,其中单字16534个"。

"至于英语的单词,总共约有六七十万,美国的《韦氏辞典》(Webster's Third New International Dictionary)所收录的就有四十万之多,而且由于人类知识的日新月异,新的单词不断产生,不要说我们学习英语的外国人,就是以英语为母语的人,一辈子也无法记忆这许多单词。"[1]俄文词汇总量笔者没有查到,但有参考数据可以估算。由梁实秋主编的《远东英汉大辞典》(1977年版)收入单词有十六万多,黑龙江大学俄

---

[1] 庄以淳:《5000英语基本单词速成记忆法》,对外贸易出版社1980年版,第Ⅰ页。

中国梦:推动汉字走向世界

语系编《大俄汉词典》(1992年版)包括大量新词共"收集十五万七千词条"。收入单词总量上,两者相差不多。据此可以推算:俄文单词大约有五六十万。此即俄、英两种文字的总量,都在汉字的10倍以上。在中国计算机学会编著的《英汉计算机词汇》(1989年版)一书中,"收编了有关计算机技术及其应用等方面的技术用语和缩写、略语共92570条",可见仅计算机一个专业的词汇就比数千年来汉字积累的总和几乎多了一倍。故词汇总量上:汉字得10分,拼读文字一般得5分。

(六) 常用字、词总量

张志公在其主编的中央广播电视大学教材中称:"现代汉语用字大约6700多,其中3700多字占现代出版物上汉字出现频率的99.9%,其余3000多字只占0.1%。"[1]2013年版《通用规范汉字字典》的一级字中,国家规定的"规范汉字"只有3500个。再看拼读文字。庄以淳先生说:"从编者个人的经验来说,若要按普通的速度阅读英文报纸,约需认识单词七八千个,成语二千句左右。"[2]笔者读中文系时曾问过俄语老师

---

[1] 张志公:《现代汉语》(上册),人民教育出版社1982年版,第91页。

[2] 庄以淳:《5000英语基本单词速成记忆法》,对外贸易出版社1980年版,第Ⅲ页。

最低限量词汇是多少,得到的回复是"恐怕得八千到一万个单词"。他老人家在苏联长大,受苏式教育,看《毛泽东选集》也是俄文版。可见其"八千到一万个单词"的回答是有一定可信度的。此即表明,常用词数量汉字还不到英文或俄文的一半。故常用字、词总量上:汉字得 10 分,那么俄文、英文等只能得 5 分。

(七) 字词的音节数量

汉字的字与词并非同一概念,"词"一般是 1～2 个字(音节),3 个字的词除人名外非常少见,4 个字的组合大多就是成语了。但拼读文字全是"词",而且往往音节较多。音节对语言、文字的影响绝对不可忽视,俄文尤甚,如 совершенствоваться(完善、深造)及 достопримечательность(名胜)。再如"文革"中澳广曾报道说,公路上的"险"字标牌上的汉字只有一个音节,经试验,司机们对其他拼读文字同样内容的反应,都比单音节词"险"用的时间多。再如"二○一四年""π＝3.1416",汉语言、文字分别是 5 个和 9 个音节。但是用拉丁字母、斯拉夫字母,或阿拉伯语字母的文字表示,需用多少字母、多少音节?

央视新闻频道于 2015 年 2 月 4 日晚 10 点钟报道:由于计算器的普及,西方的小学生连一位数乘法有时也要点击计算器。另外还特别报道:首相卡梅伦在话筒前,下面有人故意

中国梦:推动汉字走向世界

为难他问九乘以七等于多少。由于英语没有乘法表(在中国连小学生做梦都能背诵的),这个算式用英语表达,音节较多,因此首相因一时算不出来而语塞,于是只得"顾左右而言他"。在中国这种水平就属于"弱智"。当然,人家说英语,不能这么评价,但是却说明音节对语言、文字有巨大的影响。故字词的音节数量:汉字得10分,俄文得4分,英文等得7分。

(八) 新字、词的增减速度

汉字只有皇帝、名人、名家才有资格"造"字。武则天虽然造了好几个字,但只有一个"曌"字作为名字流传下来。鲁迅造的"猹",系他家乡的一种"獾"类小动物。刘半农为了吸收西方文字的优点,只造了一个"她"。大量增加的只有《元素周期表》里的一百多个字是表意的化学元素名称,如"氢、汞、锑……"是"新造"字。这些"表意字"一看便知它们的物理形态。中华人民共和国成立已近70年,谁造过一个新字?

西方由于科技发达,新事物出现较多,而对于每一个新发明,发明者都可以自己"起名"。有媒体报道:近几十年来西方每年出现的新词汇皆动辄以十万计,同时词汇又以数量差不多的数目"死亡"。那么22世纪的今天,人们翻阅当今的书报杂志,能看懂多少?故增减速度上:汉字得10分,俄文得2分,英文等得2分。

（九）字、词的自变量

这与"新字、词的增减速度"不是同一概念。这里是指文字整体的增或减,而且一般都是增加的。从 100 年《说文解字》的 9353 字算起,至 1995 年《汉语大字典》的 56000 多字,减去 2000 多重复的简化字,以 54000 字计算。在 1895 年里增加了 44647 个字,平均每年增加 28 个字。汉字的传统是,只要是社会承认的新字,后世字典一般皆收无遗。使用拼读文字的国家由于社会发展,生活越来越多样化,有媒体估计当今每年新增单词有"数十万"个。就算以它们增量的 1/10 计算,"数万"与"28 个字"也还是不成比例。同时另一点也值得注意:中华人民共和国成立近 70 年来没有"造"过一个新字!即不论社会发展多么快,生产多么发达,发明多么先进,现存汉字几乎都能准确、完美地表达。这同西方动辄以"十万计"的词汇变动相比,中国人要节约多少精力?故自变量上:汉字得 10 分,拼读文字只能得 2 分。

（十）有无词序要求

在语法里,词序是唯一的"零投入"资源,它不占面积却可以改变字词间的逻辑关系,使读者对于句意一目了然。因此,用之则简,弃之则繁,不用就是浪费。

汉语的词序一般是不能改变的,英语的词序也较固定,但不如汉字严格、广泛。俄语虽然也有一定的词序要求,但总体来看要求不甚严格。汉语的词序要求俄语是用前置词要求的格表示。而前置词不仅非常多,且它们要求后面名词的"格"也不同,有的还要求两三个"格",初习者往往挑错。如果几个前置词连用,这些前置词的词序安排就是中国人最大的难点。可见最容易拼读的俄语,由于词序安排不好固定,从而加大了记忆的难度。"国际数学奥林匹克竞赛组委会的人往往称赞汉语对数和数的关系表达是多么简练明确,而多音节语则往往绕弯,就耽误了时间"①。故词序上:汉字得10分,俄文得5分,英文可得7分。

(十一) 关键词的位置

这牵涉到语言同思维规律是否一致的问题。人的思维规律有一条是:要找到某确定目标,必须先确定一个大致范围,再将范围逐渐缩小。正如寻找某人时,是按照省、市(或县)、小区(或村镇)的住址等顺序寻找。找到了人就像找到了关键词。但在有些语言中,统领前面全部内容的关键词越靠前,思维判断越麻烦。

前述中的尼娜提到的另一事实特别值得注意:"作为医

---

① 齐冲天:《关于单音节》,《文史知识》2013年第12期。

第二章 汉字"难"的"攻玉"解读

生,我看业务书时,若该书有汉、俄两种版本,我一般会选汉译本,因为俄文版往往是看了几行后,最后还要回头找到那个最主要的词(即'关键词')才能了解全句的意思;汉文版'最主要的词'都在最后,没有俄文版那种(再回头找的)麻烦。只有在没有汉译本时我才看俄文版。"毛泽东《关于正确处理人民内部矛盾的问题》一文,标题的俄文译文是:"К вопрос о правильном разре-шении противоречий внутри народа。"其对应词序是:"问题,关于正确地处理矛盾的,在内部,人民的。"这就是说俄文版看完这一句后,还必须回到句首找到那个关键词"К вопрос(问题)",才能明了全句的意思。而汉字的"正确""处理"表示人的态度和行为,二者前后紧密关联;"人民""内部""矛盾"等词在范围上是递减的,前后也联系在一起;最后一个词"问题"的出现即意味着这个问题已经说明。而俄语恰好相反,关键词放在开头,所以看完这一句后"还要回头找到那个最主要的(关键)词"。这说明汉字的排序完全符合人类思维规律,英语的词序虽不及俄语那么复杂,但也够中国人为难的。故关键词位置上:汉字得 10 分,俄文得 4 分,英文等得 7 分。

(十二) 有无变化

现存文字中除汉字外,其他全是拼读文字,故语言学界对单词在使用中的变化给习者带来的麻烦,过去谈论极少。但这个事实却是客观存在的,在比较学习某种文字的难易时,是回避不了的。

汉字从来不变化,而是用有限的几个特定字,表示不同时间的特殊场合及其他方方面面的关系。如表示时间有过去、现在、将来、曾经等;表示其他方面用正在、经常、了、已经等。这一点早在一百多年前马氏《文通》中就有论述:"助字者,华文所独,所以济夫动字不变之穷。""泰西文字,若希腊辣丁,于主宾两次之外,更立四次以尽实字相关之情变,故名代诸字各变六次。中国文字无变化,乃以介字济其穷。"①

学过俄语的人都知道,虽然俄语的拼读程度很高而无须国际音标助读,但它的变化之多却令人咋舌。现据1959年版的《俄语语法表解》做简单统计。

俄文名词有23种词尾,每种词尾有12个格,除去单数第一格即原形词外,使用中每个词要变化11次,加上一些特殊变格,共有498种变化。动词不但有不定形式、叙述式、命令式、假定式,还有完成体、未完成体之分;"体"内又还有定态与不定态之分。此外还有形动词、副动词之分,其中形动词还分

---

① 张志公:《现代汉语》(中册),人民教育出版社1982年版,第294~295页。

第二章 汉字"难"的"攻玉"解读

为主动形动词和被动形动词,总计有 389 种变化。加上 8 种代词、3 种数词、形容词的 3 种"性"及其短尾变化等,共计 1437 种变化。

需要说明的是,这是最保守的估计,现将根本无法计算只能"忽略不计"的几项简述如下。

1. 有些变化表格下面的几条"注"皆属特例,本该计算在内,有的却未能全部计入。例如有些情况《表解》只注"大多……",即还有许多例外。

2. 有的例如"-ь"的名词是阴性还是阳性并无规律。更特殊的例如 полчаса(半小时)、боа(蟒)等按照变格表的规定,它们绝对是阴性,但俄罗斯人偏说它们是阳性,而且 боа 还不变格。нетто(读音为 нэ,纯收入)按词尾规律它是中性名词,但俄罗斯人硬说它是形容词或副词,而且不变格……此类诸多情况毫无规律可言,必须死记硬背。

3. 有些词变格后就像化了妆的间谍,必须特别记忆。如 двумя、тобой,《简明俄汉字典》《俄汉大辞典》《大俄汉词典》都没有收。你虽然认识 два(二)、ты(你)等原词,却没有记住它们的变格,即使字典放在你手里,你也查不出来这类词。

4. 前置词虽不变格,却对后面跟进的内容有 1~3 个"格"的要求。

凡此以上皆未做统计。总之,俄语到底有多少变化,笔者没查到俄罗斯或外国人统计的资料。这些数不清的变化不但中国人学起来感到非常困难,就是英语民族学起来也容易不到哪儿去。再看一实例:《钢铁是怎样炼成的》开头第一段共4句,第一句是神父的话12个词,变化了7个;第二句对神父的描写是13个词,也变化了7个;第三句有15个词,变了13个,只有2个词没变;第四句7个词,变了3个。这一段总共是47个单词,变化了30个,约占64%;没变化的词17个,约占36%。即在俄文原版开头的这一段中,变化了的词接近总数的2/3。类似的情况如意大利语,名词虽不像俄语那样多变,但动词变化却多得惊人,而且它的音节数比俄语还多。英语的变化虽远不及俄语那么吓人,但据薄冰、赵德鑫等编的《英语语法手册》统计,英文的变化种类的总和也绝对是3位数。

拼读文字一般都有许多变化,而汉字却从来不变,所以中国人学习外文、外语,同外国人学习汉字相比,难度是成倍增加的。笔者大学四年的课余时间,几乎全用在学习俄语上了,因此对此体会很深。前文中曾提到的那位老教授也是位老华侨、老革命,我向他求教最多。他也同意我的看法。故在有无变化上:汉字得10分,俄文得3分,英文等得7分。

第二章　汉字"难"的"攻玉"解读

(十三) 文字与音、意的决定关系

汉字同拼读文字相反,这是汉字同拼读文字关键性的不同点。汉字是表意字,文字决定语言,不论怎么说都必须能写出来,否则社会不承认。例如各地方言虽然都有一些汉字里没有的"音",有的有这个音却没有这个"意";但是,如果用汉字表达这些内容时,就必须将方言"翻译"成汉字才行,无法翻译成文字的内容,只能放弃。反过来,只要是汉字能够表达的内容,不论哪个方言区的人都能看懂。就是读错了,只要没写错,意义也不会变。例如"暴露"之"暴"当读"pù",但当今皆读成"bào"。更有甚者例如"迸(bèng)",原意是向外溅,医学上将由某种原因引起的一些疾病叫"迸发症",但现在皆曰"并发症"。虽然既读错又写错了,但因意义相近且"亦通",现在已经约定俗成了。

汉字只有在极特殊的情况下才可能产生音变。例如"癌",原来读"yán",现在念"ái"。这种音变现象不仅是极个别的现象,而且也是现实要求。作为疾病,"癌"若按传统读音,就不仅同炎症的"炎"同音,而且同调,弄不好当时还必须写出来别人才能理解。所以后来医生们为了区别这两个不同的概念,就将"癌"读成"ái",以示区别。因为是现实需要,所以很容易就使大家跟进。辞书上在编注时,后面往往加上"旧

读 yán"的说明。

语音的变化是因为生活提高或改变造成的。古诗词中有些字读音有变即由此而来。但是今天读起来虽然语音上并不押韵,但其"意"及其"意境"却丝毫未变。此皆汉字乃表意文字所致,亦表意之功也!

据说表音文字是"文字依附于语言",怎么说就必须怎么写;语音改变后文字就只能按变化后的语音写,而绝对不许写"原"音。因此从古英语到现在已经是变化了4次。可以肯定的是,再过数百年它们必然发展成4种独立的语言。其他一些通行英语的国家还有它们的英语"方言",也绝不可能例外。由于"文字依附于语言",而语言又是不断变化的,因此文字就是变得再慢,也得跟进变化。时间一久,后代就不认识前人的文字了。这是拼读文字最大的缺陷,而汉字刚好同此相反。故音、意关系上:汉字得10分,俄文、英文皆得5分。

(十四) 外文的翻译

汉字是表意的,所以外来词语亦据此翻译,如果是"音译",国人当不知所云。例如英文的"machine",俄文译成"машина",德文译成"maschine",读音都差不多,重音位置完全相同,皆有机器、汽车、摩托乃至飞机等意。但由于汉字是表意的,就译为"机器"。《说文解字》称"机""主发谓之机",即

第二章 汉字"难"的"攻玉"解读

"机"指的是"控制装置"。辞书对"器"之解一般为"用具"。故译为"机器"甚当。至于所指汽车、摩托等皆另译为专用名词。

汉字的音译词汇除去人名、地名等专用名词外,其他的音译有三种情况。(1)尽量同汉字字音靠拢。如"tractor",俄文是音译"трактор",汉字译为"拖拉机",前两个字的发音虽然与原文近似,但"拖拉"同原意"牵引"近似,作为"词汇"也是"意译"。(2)由于种种原因,例如20世纪50年代初从苏联进口的"комбайн",一时找不到合适的译法,而又急于发表,于是临时音译为"康拜因",不久即改译为"联合收割机",这则是典型的意译。(3)当然也有葡萄、枇杷,后又有"摩托"之类的例子,是汉化了的进口货。但是数量极少。

另一个史实似乎值得一提。1957年苏联发射的卫星名"спутник",原意是指天文上的卫星。英文音译成"Sputnik",德文也是音译"Sputnik",也是读音、重音位置皆同,但初次接触它时必须查字典。我国却是意译为"人造卫星",一看便知其意,无须现查字典。后来可能"老大哥"觉得汉译更确切,而这又是不允许的,于是就改称"Искусственный спутник Земли"(人造地球卫星),则完全是表意的。虽然我国也照此改译了,却证明意译具有更强大的生命力。故翻译上:汉字得10分,俄文得5分,英文也得5分。

(十五)信息化浪潮中的汉字

汉字虽然有以上种种优势,但是如果在信息化的浪潮中败下阵来,现实肯定要"攻此一点,不计其余",汉字将仅是历史的记录,最后必然被淘汰出局。但是现在"汉字信息处理效率已全面超过英文"。①

现在再以"关于正确处理人民内部矛盾的问题"同俄文比较一下。汉字是 15 个字,用"五笔字型"输入共敲击 29 下;俄文则是 59 个字母,即必须敲击 59 下(未计空格键)。俄文敲击键盘次数比汉字多一倍有余。其他拼读文字绝好不到哪儿去。不过由于当时的历史条件限制,"五笔字型"还有些改进的空间。但是,它解决了汉字输入计算机这个最大的难题。那时及此前曾有人预言,汉字不论多么古老、先进,在计算机输入的冲击下,如果不解决汉字如何用计算机输入的问题,它将被淘汰出局。这个看法是正确的,因为这是事物发展规律。以笔者观察,目前看来《汉之星》的汉字输入法有了更大的改进,因为它解决了"提笔忘字"这一严重的问题。由于《汉之星》输入法在网上可以查到,此处不赘述。但是,就是"五笔字型"比起拼读文字来也是先进的输入法。故汉字得 10 分,俄

---

① 许寿椿:《汉字复兴的脚步——从铅字机械打字到电脑打字的跨越》,学苑出版社 2014 年版,第 3 页。

第二章 汉字"难"的"攻玉"解读

文得5分,英文得7分。

综合以上诸多方面的比较,若总分为150分,汉字得110分,俄文84分,英文及其他拉丁文字得96分。以上仅是个人意见,与其他统计数字可能有些出入,但只要立场公正,就可以肯定地说:得分多少可能有所变动,但名次绝不会改变。

如果上述统计基本准确无误,那么就可以做出如下结论。如果将某既定的文字例如俄语作为非母语文字学习,那么对不同母语的人难度相差是很大的。例如学习俄语,中国人会感到变化太多,但意大利人可能感觉俄语的变化、音节似乎还不够多,因为意大利语单词的音节特别多,动词的变化也特别多。而以英语为母语的人,对学习俄语的感觉则介乎于两者之间。可见对于某既定的外语,对于不同母语的人的感觉,差别是很大的。因此孤立、抽象地说某文字难,是不科学的,包括汉字在内。

作为非母语文字,汉字最大的缺点是:第一,没有语音提示或参考,所以难认;第二,所有笔画必须置于一个有限的方块里,所以难写。在15个要素中,这两项皆得0分,虽然能学会就不能得0分,但对自己严厉些有好处,不算过分。难认、难写,两项相加就构成了学习汉字最大的难点,它好比汽车起步时必须首先克服的"最大摩擦"——这时最费劲;一旦克服

85

这个"最大摩擦",以后的行进就变得非常容易了。

拼读文字的其他缺点则较多:第一,通过语音才能表意,若语音变化,文字虽然可以滞后一段时间,但是时间久了就必须跟进,这就导致了文字的改变;第二,由于文字的改变,导致后世不能阅读历史文献;第三,音节太多,难念;第四,词汇太多,难记;第五,变化太多,难学;第六,词序同人的思维规律有较大差异,人们的正常思维规律很容易被打乱;第七,翻译的新字词多为音译,虽可猜出读音却不知其意,难懂。

汉字则相反:现代出版物中,99.9%以上的汉字在那三千多字的范围内,一般人不仅知其音,而且一定可以猜出其意。例如某人第一次见到"盾构机"三字,一定会有一个猜想;如果有人告诉他,这是一种能开掘隧道并及时完成建构的机器,他不仅能立即明了,而且印象一定很深。因为"盾"和"构"两个字不仅选字极为恰当,而且两者结合得也非常巧妙。可见除了本国国民以外的所有外国人,对于非母语文字,学习汉字要比学习俄文等拼读文字容易得多。

能直接阅读古汉语文献的瑞典汉学家高本汉曾说:"即使是西方的成年人……也能在一年之内学会两千个左右的汉

第二章 汉字"难"的"攻玉"解读

字。"①笔者接触到的一个事实,似乎能证明这种说法是正确的。2014年8月16日自桂林至郑州的K1628次列车,一位加拿大旅行社的华人导游,对外国人学会汉字"难于上青天"的说法感到怀疑:他说在美国、加拿大等国,有些人自学汉语汉字才一年多,到北京后就问,为什么普通话没有北京话的味? 不过根据笔者业余学习俄语的体会,背诵单词、变格变位表,不管下多么大的功夫,效果都很难上去;后改为背诵、默写课文,一下子就轻松了许多。成年洋人学习汉字如果结合小学课本,辅之以《三字经》《千字文》等,加上背诵、默写,肯定会事半功倍。可见,那位导游所说的那些自学汉语、汉字"才一年多"的洋人肯定是在学习方法上有所突破。以上统计数据也证明,那位导游所言与高本汉的估计,是从两个角度互相印证的。

三、汉字的"效费比"优势

(一)汉字书籍印刷成本较低

我国第一位女外交官袁晓园女士曾说,在联合国诸多文

---

① [瑞典]高本汉著,聂鸿飞译:《汉语的本质和历史》,商务印书馆2010年版,第10页。

字的文件中,以汉字文本最薄。这就意味着,相同的内容用汉字表达,所占面积最小。笔者查到的是:范存忠教授的《英国文学史提纲》,是他老人家自译的中英对照的合订本,其中英文部分共240页,每页27行,共6480行;汉字部分201页,每页25行,共5025行,汉字部分是英文部分的77.55%。若是俄文,差距可能会更大一些。

(二)对书写环境的适应程度

拼读文字一般只能横写,勉强竖写虽然偶尔也能遇到,但总是怎么看怎么别扭;而汉字却也可以竖写。这个特点不可忽视,因为有些环境不允许横写怎么办?例如一本书的书脊、氢气球下面悬挂的宣传口号,等等。再如几个单位同用一个大门,汉字招牌左右皆可挂好几个;拼读文字的名称牌匾只能放在上面,但能放几块?

(三)文字的稳定性

汉字的词汇虽然也随时代的发展而改变、增加,但是除了文字有极缓慢的增长外,音变不仅非常少,而且非常慢;而"意"却只有延伸、发展,没有任何变化。例如实施文字简化已有60年的历史,但繁体字至今仍然没有退出历史舞台。如果有新事物出现,可以找几个适当的字立即组合而成。

从文字学的角度观察是,新事物出现后,若是汉字则无须

第二章 汉字"难"的"攻玉"解读

担心增添生字。而拼读文字却远非如此。由于当今社会发展很快,新发明、新事物特别多。西方社会不论是新出现还是自动消失的词汇动辄以十万计,结果造成不到百年的文献读起来就非常困难。不信请使用拼读文字国家的青年人,阅读一下从"一战"到"二战"时期的报纸、杂志,即知此言不谬。但是,设想100年后拼读文字国家的人,能看懂100年前的书籍、文献吗?就是查字典,然而字典释文亦为当时的语言,这比当今中国的中学生查《说文解字》还困难!那么一千年后呢?而这一切是在使用汉字时绝不可能发生的!

至此我想说一句杞人忧天的话:拼读文字国家的文字学家应该注意到并想办法解决子孙后代连百年左右的历史文献都看不懂这个火烧眉毛的大问题,而不要将精力耗费在同汉字比高低上。

(四) 通读能力

这是确定学习汉字"效费比"最主要的内容,此系文字稳定性的连锁反应。古英语时期(5世纪~1150年)有四种方言;中古英语时期(1150~1500年)有五种方言;中古英语到早期现代英语过渡时期(1500~1660年),"伦敦方言为标准语,著名的元音音变改变了伦敦英语的全部元音系统";约翰逊时期,即1775年,其《英语词典》问世,"'目的在使英语定型

中国梦:推动汉字走向世界

化',同时语法家辈出,强调模仿拉丁语法"。① 古代、中古英语又是"定型化",又是"强调模仿",那么当代英语同历史各阶段的英语相比,就是根本不同的文字。即使当代英文学得再好,也绝对看不懂18世纪以前,尤其是"元音音变"以前的书籍、文献。

俄语属东斯拉夫语种,古俄语存在于7~14世纪。10世纪末,基辅罗斯接受基督教的同时,也接受了基里尔字母,此即今天的俄文字母。可以肯定的是,接受了西欧一个字母有几种读音容易引起误读的教训,所以俄文只有几个辅音字母才有较为规律的音变。虽然如此,对于12世纪的《伊戈尔远征记》,普希金曾坚决地维护他所一向推崇的《伊戈尔远征记》的真实性,指出了在18世纪谁也不能辨认的这一作品的古老语言。为什么?这里有一个过去学术界基本不提的史实。1223年成吉思汗西征,经多年、多次征战,至1237年才攻占莫斯科,1240年才攻陷罗斯古都基辅。随后建立了欧洲人称"金帐汗国"的钦察汗国。到1480年,莫斯科才"彻底摆脱了

---

① 《简明不列颠百科全书9》,中国大百科全书出版社1986年版,第165页。

第二章 汉字"难"的"攻玉"解读

蒙古人的统治"。① 当地人同居统治地位的蒙古人明争暗斗了 200 多年,语言上发生了许多重大改变。即此,不要说 18 世纪,就是 15、16 世纪的俄罗斯人也不一定都能看懂《伊戈尔远征记》,更别提更早的《奥斯特罗米尔福音书》了。

其他如法语、德语、西班牙语、意大利语等语种的文字,从古到今无不经过改变,有的还改变数次。据此可知,尽管各国语言文字的发展轨迹千差万别,但它们有一个共同的特点:由于种种原因使语言产生多种、多次重大变化,这种音变加之词汇的增加,使得熟悉当今任何拼读文字的人都不能通读古籍。如果必须阅读古代文献,就必须学习当时的语言、文字——这就等于再学一门外语,对于某些国家这种"外语"可能在两门以上。唯有汉字鹤立鸡群,从来都是文字通古今。

历史上汉族被异族征服过两次:元朝和清朝。前者因为只有 90 多年,汉文化的同化能力还没有充分表现出来。清朝统治有 260 多年,虽然孙中山提出过"驱除鞑虏,恢复中华",但是后来"鞑虏"不仅没有被驱除,反而成了中华民族大家庭的主要成员之一;其实人家并非只占便宜,也带来了满蒙(包

---

① 朱寰:《世界上古中古史》(下册),高等教育出版社 1986 年版,第 119～123 页。

括现今蒙古人民共和国)一大片土地作为进山礼。汉字的生命力优势还典型地表现在,仅乾隆一人的古诗就有 2000 多首。当今词汇如"窈窕淑女""万寿无疆""如履薄冰"等皆出自前 6 世纪或此前的《诗经》。

汉字只有在极其特殊的情况下才出现"新字"。除上面介绍的特例外,社会发展到今天,广大网友创造了许多新词,例如"房奴""宅男"……但是谁"造"过一个字?有些古字虽然因社会发展长期不用,但这只是"休眠",绝非"死亡";因为以后可能重新启用,如近几年复现的"囧"字即是如此。

从"简单的数字统计"和"汉字的'效费比'优势"可知:作为对非母语文字学习的挑选,外国友人学习汉字不仅比学习非母语拼读文字容易得多,而且"效费比"也最高。这是所有拼读文字皆不能望其项背的。笔者欢迎各位同人从不同角度对难易比较重新打分,并且相信一般都是实事求是的。

最后用享有国际声誉的李约瑟博士的两段话对"效费比"作结:

"虽然存在着许多不同的方言和口语,可是全中国人民却用古老的文言文作为统一的'普通话'。正如高本汉所说:'一千年以来,文言文一直是一种矫揉造作的东西,而且尽管有那么多格调的变化,这些年代以来它基本上是一样的。一个中

第二章　汉字"难"的"攻玉"解读

国人一旦掌握了它,他所读的一首诗无论是在基督时代,或者公元一千年以后,或者是昨天写的,从语言学观点上看,对他都是一样的。不管是什么时代写的,他都能理解并欣赏它。可是在别的国家,书写文字随着口语而演变,在很少几个世纪中可形成一种实际上完全新的文字。今天一个普通的英国人很少能看懂三四百年前的本国文献。最早期的文献只有经过专门的语言学研究后才能了解。对中国人来说,数千年的文献都能了解;他们对本国古代文化的无比热爱和理解,大都是由于他们文字的这种特殊的性质之故。'

"的确,这种古老的文字尽管字义很暧昧,却有一种精练、简洁和玉琢般的特质,给人的印象是朴素而优雅,简练而有力,超过人类创造出来的表达思想感情的任何其他工具。"①

四、结论

第一,判断学习某种外文的难易,必须用学习非母语文字的标准。但是任何人学习任何非母语文字,都非常困难。中国人学习拼读文字尤甚。由繁入简易,由简入繁难!

---

① ［英］李约瑟著,《中国科学技术史》翻译小组译:《中国科学技术史》(第一卷),科学出版社1975年版,第88~89页。

第二,任何语言文字的使用都是一个动态过程,因此判断它的难易必然是一个综合指标:不仅要看它的读音是否容易学会,还要看它的语法是否容易掌握,尤其是要看在使用中它变化的多寡及难易程度。汉字之难在于无法判断其读音,书写也比较困难。但是根据"简单的数字统计·小结",在13个要素中的11个,全是汉字比拼读文字容易学。即经过宏观、全面的考察发现,汉字是世界上最容易学的非母语文字。

第三,根据前文提到的"简单的数字统计",中国人的母文字是表意文字,若是学习非母语文字的拼读文字,根据"由繁入简易,由简入繁难"的规律,其难度要远远超过母语为拼读文字而学习汉语言、文字的人。

第四,任何两种语言文字相比,皆有难易之分,但是难点又各有不同。同一个难点对不同国籍、不同语言的人来说,难度也不一样。例如俄语单词在行文中的变化,对中国人来说是最大的难点,但对英语民族来说难度要小些。

第五,本专题前文《仓颉工程》认为"文字无优劣""不论哪种语言文字,都是当地的历史形成、自然选择的结果,皆有所长,也必有所短,汉字绝不可能例外"。俄语之长在于它的确定性或曰"唯一性"。例如有一份物证,是三个碎纸片,上面各有一个字:"我""打""他"。如果是汉字,根本不能确定是谁打谁。如果是俄文,不仅可以确定是谁打谁,甚至可以确定不是他们俩谁打谁,而是另外有人,或好几个人打他们中间的某一个人,或是打他们俩。这就意味着:俄文虽难,却是"难"有难的特殊用途,即前文所言一切文字"皆有所长,也必有所短"。

第六,任何人学习非母语文字主要是经济目的,而欲达此目的有时必须付出高昂的代价,中国人学习各种拼读文字即如此。但是任何国家学习非母语文字的汉字,不仅比其他任何拼读文字都容易,而且可以通读中国古今文献。这就意味着学习汉字有超高的"效费比"。世界上学习任何拼读文字的"效费比",皆不能同此比肩。

第七,由于英国的工业革命发生最早,后来,尤其是"二战"以后,美国的科学技术长期居于领先地位,因此英文就几乎成了世界文字。

当今我国科技发展对外国的影响已越来越大,例如在一些国家建高铁或进行其他技术合作。在这个过程中有关国家及其有关人员不可能不接触汉字,所以那些外国朋友对学习汉字必然有强烈的要求。在这种情况下,如果有关国家及其人民了解学习汉字比其他拼读文字更容易,而且"效费比"又非常高,当然劲头会更大。这就是平常所说的如虎添翼。因为它不但比其他的拼读文字容易学会,而且"效费比"特别高。

其实这也是对高新技术出口的一个必要的补充,更是语言文字发展的一条重要规律。

从语言、文字的角度考察,以上七点本皆为汉语言文字不可替代的优点——一切从简、从便;但中国人学习拼读文字就必须全部放弃,改成按照表音文字的特点思考、记忆,即必须弃简从繁。而事物的规律是:弃繁从简易,弃简从繁难。可见如果说洋人学汉语是"太难""极难",那么中国人学表音文字则比他们更难。用巴甫洛夫的两个信号系统学说分析,语言、文字皆属第二信号系统。母语文字是表音文字的人学习其他表音文字时,因相通之处可以参照、比较、联想等,学起来也就比较容易;而中国人的母语文字是表意文字,学习表音文字时,"照搬、比较、联想"则变成了"搅乱、干扰、重新建立",所以还是比西方人学习汉语难得多,或曰难上加难。

第八,说起来世界上只有汉字是表意文字,所以只有汉字才有争取荣登"世界文"宝座的资格。这当然是够令人欢欣鼓舞的,但是在实际前进的道路上却充满着艰辛。例如最简单的电脑键盘,我国通用的是拉丁文系统的键盘,字符键只有26个。而斯拉夫语系、阿拉伯语系的字母都在30个以上,日本的假名数目更多。他们有的是拼读文字,有的是半拼读文字,为什么他们不照搬拉丁语系的键盘?

第二章 汉字"难"的"攻玉"解读

民国初年由于教育总长蔡元培的努力,鲁迅等一批全国各地的名人参加,曾制订了一套"注音字母"(后改为"注音符号"),共有40个(包括后来增加的)字符。1958年《汉语拼音方案》公布时,为了适应拉丁字母,就只用了它的26个字母,同时还废除了3个声母。这就好比一个大单位,原来有40辆车,改造后减少到26辆,表面看起来是"节约"了经费,实际上工作效率反而降低了。根据张志公的统计:汉语有401个音节,现行键盘用注音符号全部敲击只需917次,而用《汉语拼音方案》则需敲击1295次。平均下来每个字(音节)比"符号"多敲击0.9426次。所以千字短文用《汉语拼音方案》则需多敲击940多次,5000字的文章则需多敲击4713次。那么50万字的专著呢?这是不是"不算不知道,一算吓一跳"!

但是,不要高兴得太早,事情还不算完。若此还必须将键盘的字符键增加到适合汉字的40个,这是一个既费时又耗财的巨大工程,就连是否有必要,恐怕在全国范围内都要讨论好长时间。

以上结论又可以证明以下几点:

首先,中国人学习任何"表音文字",比任何洋人学习汉字都难,因为中国人必须弃简从繁。

其次,学习汉语最好从"发蒙"开始,有语言环境当然更好。

最后,任何外国人学习汉字都必须比较汉字同自己母语、母文字的异同,然后断然抛弃母语文字的表音特点,按照汉字的规律记忆、学习,在学习中牢记汉字音节少、词序严等优点,还要经常复习、使用并持之以恒。

五、一个疑问

"汉字难"说起源甚早,盛行于鸦片战争之后。但是"日语的表意文字,叫作'kanji'(汉字),有好几千个。受过教育的人认得一万汉字;政府公布一千八百五十个汉字,作为基本汉字。汉字用来表示日语主要的实义词——名词、动词和形容词。但是,作为对汉字的补充,还有'kana'(假名),或者叫作音节字母。假名主要用来作后缀、词缀、连词和其他的语法形式"①。

日语"在语法方面,名词既无单复数又无阳阴性之分,并且不带冠词……动词没有人称、数和性的变化,只是根据不同用法变化其词尾。形容词也没有数、性、格的区分,只有后缀

---

① [美]肯尼思·卡兹纳著,黄长著、林书武译:《世界的语言》,北京出版社1980年版,第224页。

第二章 汉字"难"的"攻玉"解读

的变化。没有关系代词……人称代词系统错综复杂,究竟使用哪个代词,取决于说话人和听话人的社会关系、亲密程度、礼仪用语还是一般谈话、说话人的性别和年龄等因素……汉字在日语书面语的构词中起着非常特殊而重要的作用。每个汉字通常都有两种读法:训读,即日本原有读法;以及音读,即古汉语借音。这两种读法紧密相关,在构词过程中自由地交替使用"①。

以上第一段引文说明学会日语、日文必须掌握的汉字不仅"有好几千个",另外还必须学会既不是拉丁字母,也不是斯拉夫字母的一百多个日本"假名"及由假名组成的"拼读"字词,这就等于学会两种文字。仅凭日文的拼读部分是大和民族的"假名"这一点,西方人学起来恐怕比中国人更难,起码书写字母的方法,要彻底改变他们的传统习惯。总之,这都证明了学习日本语言、文字比汉语言、文字难得多。

引文第二段是从拉丁语系的角度分析日语的,说明日语的汉字部分比汉字更难:不仅人称代词系统极为复杂,没有日语环境就很难掌握,而且每个汉字还有两种读音。既然汉字只有一个读音,就"难倒了"全世界,那么日文中的汉字有两种

---

① 《简明不列颠百科全书 6》,中国大百科全书出版社 1986 年版,第 782 页。

中国梦：推动汉字走向世界

读音,根据小学算术四则运算可列下面算式：

日语文字的难度＝汉字的难度×2＋假名拼读字的难度

这道算术题大概没有算错。

既然日文比汉字难得多,但是,在过去的100多年里中外学者没有一个人说"日文难学"！是不愿说,不敢说,或是不屑一说？乃至"不××说"？是否认为"只要骂祖宗就不会错"？"五四"前后语言文字研究还没有深入到这个程度,尚情有可原,但是时至今日依然执此观点。这是为什么？

第三章

希伯来文和汉字:两个"马鞍形发展"之比较

笔者在研习希伯来文学时,发现以色列国的犹太民族和华夏汉民族的历史有些"惊人的相似之处",两个古老民族各自独立创制的文字都经过一个"马鞍形发展",即为其一。现做比较研究如下,望乞业内人士不吝珠玑,大力斧正。

一、背景比较:一逆一顺

统一的以色列王国分裂后,前597年和前586年犹大王国两次被巴比伦征服,耶路撒冷亦同时被毁;除最穷的留下种地或修理葡萄园外,国王、臣民和工匠全部被掳往巴比伦,此即史书中著名的"巴比伦之囚"。这种命运以后又重复数次。"罗马人东征后,犹太人遭到残酷镇压。70年耶路撒冷陷落,第二圣殿再次被毁,无数犹太人惨遭杀戮,幸存的犹太教徒不得不离开巴勒斯坦,流落异邦"①。因为不管流散到哪里,犹太人都是少数民族,经济生活、政治地位都处于绝对劣势。为了生活他们不得不学习当地的语言、文字,因此犹太人的流散给其语言文字的流传和发展带来了几乎是不可逆转的厄运。因为久而久之,他们的母语、母文字的使用受到了极大的冲击,希伯来语言、文字就从鞍峰往鞍谷滑落。"9～18世纪希伯来语通用的口语逐渐衰亡"②。既此,文字也走上了同一条道路。代替希伯来语言、文字的是同它十分接近,且广泛流行于巴比伦尼亚和波斯的阿拉米语文。"古希伯来语和文字只在巴勒斯坦北部那些没有尝过'巴比伦之囚'滋味的撒玛利亚人那里部分保留下来"③。这个鞍谷的出现是政治、经济生活的彻底改变所致,也是不可抗拒的历史发展规律导致的必然结果。

中国自鸦片战争肇始的反侵略战争屡战屡败。一些好心

---

① 梁工:《圣经百科辞典》,辽宁人民出版社1990年版,第1138～1139页。

② 《简明不列颠百科全书8》,中国大百科全书出版社1986年版,第447页。

③ [苏]Б·А.伊斯特林著,左少兴译:《文字的产生和发展》,北京大学出版社1987年版,第308页。

第三章 希伯来文和汉字:两个"马鞍形发展"之比较

的外国朋友和国内精英就不断地探究中国古老而孱弱的"原因"。这本来是再正常不过的好事,但谁知"正打歪着"——结论是:汉字太难,必须改用拼音文字。有媒体报道,后来连共产国际、列宁也都曾促进过这项工作;中国有些伟人、名人也深陷其中不可自拔,甚至像鲁迅这么伟大的作家居然也得出"文字不改,中国必亡"的"左论"。如果说由于那时对语言文字理论,尤其是对汉字理论的研究尚未达到所需之高度、深度,因而做出错误结论是可以理解的话,那么后来的一些重大举措就令人费解了。

20世纪50年代中期开始的汉字简化运动,坚持把这项"事业"逐渐推向极致。由于这是政府行为,因此虽然大部分学者持反对态度,但这项工作不仅继续大力开展,而且几乎全部具有"微词"的人都为此大倒其霉。半个多世纪的历史犹如白驹过隙,如今的汉字除极少数情况例如学生作业是手写外,电脑输入几乎是唯一的书写方法。近几十年来的电脑输入实践再次证明了,为此曾付出惨重代价的从事语言文字研究、工作的老前辈们的"微词""反调",确属远见卓识。这很可能是"一边倒"的结果。

在宣传汉字简化的高潮时期,大约是1956年,笔者在新华书店看到过一本小册子,书名已忘,只记得内容是介绍苏联

中国梦:推动汉字走向世界

的文字改革:十月革命后,苏联对文字曾进行过简化,废除了4个字母。有些字母虽然没有废除,但是由于在单词里不发音,因此也被删掉了。例如老文字"чтоѕ"(什么),简化后为"что",发音、意义都没变。作者还真下了功夫,将一部名著废除的"с"总数统计出来,并说可以占多少多少页码,这是资产阶级故意提高成本,让劳动人民买不起书云云。笔者曾见到过一张帝俄时期的老卢布,"рубль"的"ь"脖子上的确多一道短横,这证明作者没有造谣。遗憾的是作者没有介绍俄文简化以后,苏联劳动人民的文化有哪些因此而得到的提高;我国媒体也从来没有介绍过苏联文字改革的成果,这不能不说是一种遗憾:苏联的今天,就是我们的明天。

二、鞍坡比较:一缓一陡

(一) 希伯来文的"鞍坡"

在犹太人被掳或流散到异国他乡后的初期,由于经济生活、社会交往等一切皆处于被异族包围的汪洋大海中,因此不得不学习异族语言,在与异族交流时使用,但在本民族内仍然使用母语。前3世纪之前即如此。

1. 民族杂居地区的孩童们,对母语和异族语言的熟悉程

第三章 希伯来文和汉字:两个"马鞍形发展"之比较

度不相上下。当异语像汪洋大海包围着少数说母语的人时,从说异语到转说母语,大脑需要零点零几秒的转换过程。时间一久,这个"转换过程"就成了负担,后来不论是与本民族交流,还是与家人交流,也都使用异族语言了。这时母语仍有些用处,如果两个犹太人交谈时不愿让旁边的异族听懂,就用希伯来语交谈。这是语言文字走向死亡的开始。希伯来语的这种状况大约始于前3世纪。

2. 再往后,家庭内不使用母语而使用异语,久而久之连孩童也不会说母语,而异语倒成了他们的"母语"了。这时语言文字朝死亡又迈进了一大步。若没有其他特殊情况,该语言文字必死无疑。希伯来语的这种情况大约始于9世纪前后。

3. 希伯来语有些特殊情况。犹太教《圣经》除个别段落是亚兰文外,其余主要是古希伯来文写成。"作为口语停止使用后,希伯来语继续被用作一种书面语言,不仅用于祈祷文和宗教典籍的研究,而且也用来撰写法律、科学和哲学文献,以及世俗的纯文学作品"①。希伯来文就借此垂而不死地在鞍谷又延续了千年左右,直到1881年。

---

① 《中国大百科全书·语言文字》,中国大百科全书出版社1988年版,第417页。

中国梦:推动汉字走向世界

4. 埃利泽·本·耶胡达于1881年返回巴勒斯坦,从事恢复使用希伯来语言文字的工作。他首先从家庭内部开始,以后逐渐扩大范围影响,最后终于使许多犹太人恢复使用消失已久的希伯来语言和希伯来文字。1948年以色列国建立后把希伯来语定为国语,希伯来文定为官方文字。希伯来文的活力从鞍谷一下子蹿到了鞍峰之巅,其使用功能和活力也恢复到了原有的水平,历时67年。

(二) 汉字的"鞍坡"

1. "文改"前许多简体字一直在手写中流行着,但始终未能进入印刷品成为"正字"。这种"识繁写简"的现象一直持续着,大家也没有感到什么不便。1956年元月底,国家正式公布使用第一批简体字后,虽然也引起了一些小的非议,但因为"简化"的执行者大多不仅是老革命家,而且是相关的资深学者,每一个"简化"之字都经过反复推敲,慎之又慎,所以造成的混乱毕竟不算太大,汉字使用功能下滑的坡度还算平缓。

2. 1964年第二次公布简体字后,因其中"第二表是132个可作偏旁用的简化字和14个简化偏旁"[①],它们与第一批简体字加起来使用后,就造成了太多的混乱。如《中国大百科

---

① 《中国大百科全书·语言文字》,中国大百科全书出版社1988年版,第207页。

第三章 希伯来文和汉字:两个"马鞍形发展"之比较

全书·语言文字》称,实际简化2236字;但是据文字改革出版社在1985年11月重订出版的《简化字总表查字手册》中"从拼音查汉字"的统计,实为2327字,多出了91字。而实际上远不止这个数,乱就乱在简化偏旁和可作偏旁使用的简化字上,因为它可以随机搭配。以20世纪30年代某学者的戏作《施氏食狮史》为例,"总表查字手册"上"shi"栏简化了24字,但权威的《现代汉语词典》第6版却简化了37字,实际超过近65%。还有一种属"隐蔽"简化,常为人们所忽视。用《现代汉语词典》统计,以"ba"音节为例,1979年版简化了11字,第6版虽然也是这个数,但内容却换了3个字,原来的"钯""犯""吧",换成了"鲅""粑"和第二次出现的"罢",等于又增加了2个简化字。有时又不知为什么,还是那几个字,前后次序却不一样,让人无从查对。例如2005年1月出版时,选词次序排列就又变了。所以到底总共简化了多少字,不但"中国文字改革委员会"说的有时与别人统计不一致,有时连自己说的也是前后矛盾。至于"因简果繁"的例子虽不能说比比皆是,却也屡见不鲜。

3. 这一持续简化的结果是,汉字的功能和生命活力几乎是垂直跌入一个深深的"鞍谷"。因为从那以后不久,中国台湾及港澳就逐渐出现"汉字简繁互译"的职业翻译。也就是说,在没有强力逼迫的条件下,大陆主动将文字分成两部分。虽然暂时看不出什么问题,充其量不过是麻烦点罢了,但是数百年以后呢?

4. "文革"后的1977年12月公布的"第二批简体字",是典型的短命"杰作",简化者们的实际文化水平不得而知,因为他们连"六书"的概念都没有。如果把"道""简化"成"辺",从会意字的概念来理解,就是路旁有人拿着刀,看谁敢从这儿走!"展""简化"成"尸",这个字的意思只能是展览死尸。这类例子还可以再举一些。这批简体字只活了半年多,1978年7月即废除。但是这一年左右出版的书籍、杂志以及其他印刷品却是历史的记录,后人必然会时不时翻阅。这就意味着,今人以及子孙后代搞学术研究的还必须学会认识这批简化字,否则这半年左右就是历史文化的断层。

(1) 从"鞍坡"上看,希伯来文历经两千多年才缓慢滑入"鞍谷",重度休克是"殆天数,非人力":是军事上败绩造成的人口流散所致,这本身就是语言文字的发展规律。而汉字却是"乃人为,亦天数",不到十年就简化了数千字,一下子就使台湾产生了"简繁互译"的职业翻译——恐怕其他海外华人也一定会如法炮制。故这一次汉字几乎是垂直跌入"鞍谷"。

(2) 从谷深来看,希伯来文的"休克"已近谷底极限,再滑

第三章 希伯来文和汉字:两个"马鞍形发展"之比较

落一点就会死亡。但是"垂而不死"又是希伯来文的奇迹。

汉字究竟"简化"了多少字,不仅一般人说不清,就连中国文字改革委员会自己公布的数字也不一样,事实是也不可能一样,权威的《现代汉语词典》前一版和后一版收入的非常用"简体字"都不一样。虽然汉字目前仍然可以"抱病运转",远不及希伯来文"极度休克"那么严重,但是从长远来看,不得不使人忧心忡忡。台湾等地"简繁互译"职业翻译的出现,说明汉字已经一分为二。斯大林对民族的概念是四个"共同",其中第二个便是"共同的语言文字"。虽然谁也说不清我国到底有多少种语言,但是文字却只有一种,而且这一种文字可以统领、适用于所有方言。当今的汉字事实上已经发展成为两种文字,时间一久,是否会给分裂势力增加正能量,恐怕谁也说不清。但是,汉字必须统一却是全世界华人的共同愿望。

(3) 由"鞍谷"回升到"鞍峰"来看,从埃利泽·本·耶胡达 1881 年返回巴勒斯坦算起,到 1948 年以色列建国,犹太人用了 67 年的时间,约为"患龄"的 1/33。而汉字的情况则更为复杂。这里仅举一例。两个世纪相交之际,央视一套为了弘扬汉字的优良传统,曾斥巨资制作了一套节目,连女演员们的披风上都印着一个硕大的汉字,并在宝贵的广告时间反复播放节目预告,但不知何故却临时更改。当记者访问一个学中

中国梦:推动汉字走向世界

医的德国留学生时,他却说了下面一段话:"汉字的特点本来是一字一意,表达很准确;简体字把几个字合成一个字后,我在阅读中医书籍时本来认识的字,几个字合并后因为不知道它到底是哪个意思,所以必须查字典。时间都浪费到这上面了。"不知这位洋学生所言是否一语中的。如果就像现在一切不变,不仅本不应该出现的那个德国留学生式的苦恼会永远继续下去,而且"第二批简化汉字"那半年多的文字记录,就是简体字培养出来的知识分子查阅那时的文献,恐怕也猜不出那批"简化字"的准确读音和确切含义。但是,未来汉字活力的鳌峰肯定要恢复,也必然会恢复。而这半个多世纪的"简体字"印刷品却永远存在——不论洋人国人,凡习汉字者,皆必须再多学习数百"二简"的"简体字"。那位德国留学生所言却也是谁都无法抹掉的事实。

(4) 总体来看,希伯来文是同语言一起"休克"的,故而登上峰巅是难上加难,但是他们做到了,完全恢复母语文字的活力也只用了67年。而汉字的"抱病工作"则是语言正处兴旺发达之际开始的,何时能恢复其原有的活力虽然也只是早晚的事,但这本来是可以避免的。简体字的历史证明汉字的生命力无比强大,它永远是不可战胜的。

第三章　希伯来文和汉字:两个"马鞍形发展"之比较

三、结果比较:一成一"?"

希伯来文复苏是从民间开始的。埃利泽·本·耶胡达本是俄国犹太人,他先返回巴勒斯坦,然后逐渐掀起、推动希伯来语言、文字的恢复运动。由于这是牵涉犹太民族命运的大事,因此得到越来越多的支持。以色列建国时将希伯来语和希伯来文定为国家的法定语言文字,这一事实说明了一切。

中国的简化字运动是政府行为,其投入在人力、物力、财力等方面全系鼎力相助,然而时至今日无法回避且不可能解决的问题,仍不断涌现。从性质上看可以分为好几种,本文限于篇幅仅挂一漏万地考察一下"简体字"的这些混乱和困难。

用接受美学的核心观点衡量,"简体字"不能忽略读者,即文字的消费者这个主体。任何工具都有生产和使用两个环节。使用简便是目的,生产繁难是使用简便的前提。蜡烛和电灯的关系即如此。于此则表现为,必须写出来的繁难之处越多,读起来就越容易;反之,必须写出来的繁难之处"简化"越多,读起来就越麻烦。这是谁也改变不了的事物发展规律,勉强违背它就必然是事与愿违。即只要读者阅读方便,无论书写多么麻烦,都应该"把方便让给读者"。汉字简化后按理

中国梦：推动汉字走向世界

说阅读起来应该更方便,起码要比原来方便,尤其是对后世读者更是如此。现以权威的《现代汉语词典》为例试说明之。

1.《现代汉语词典》的"试用本"是吕叔湘、丁树声两位老专家主持的,笔者没有见到。但是从公开发行以来,它始终是最权威的辞书。然而《现代汉语词典》中存在的问题是回避不过去的。

（1）逻辑错误。例如本来就不是简体字的"食",但是直到2005年的"修订本"还说它的"繁体"是"蚀"。其实"蚀"本来就是"蝕"的简化字,可算是个标准的简体字,至此怎么就成了"食"的"繁体字"？就算它是,但按"简化"逻辑推论,"蚀""食"皆为9画,二者怎么就成了繁简关系？从1978年第1版算起,直到2005年的第5版才纠正过来。这个失误长达27年,它的存在超过了25年,绝对打破了世界辞书史的纪录。

（2）虽然国家没有宣布废除某繁体字,但是至少从1978年版起《现代汉语词典》部分简体字在悄悄地"自动简化",有些字的繁体就消失得不明不白,直到第6版也没有注明。如从"呂"到"吕",虽然只简化了一撇,但该注明的却从未注明。"蒙"的繁体是"业"字头,而非"草"字头,亦如此。不知这是无知还是僭越。

（3）有些字虽然按指令"简化"了,但实践中指令、文件无

第三章 希伯来文和汉字:两个"马鞍形发展"之比较

法解决的问题却层出不穷。两个世纪相交之际,不知是谁下令将所有厂矿公司、楼堂馆所、店铺路桥、书报杂志等名称中的繁体字一律更改过来,否则就加以重罚,名家的书法作品也不例外。这一指令使得无数厂家、商家用于打水漂的费用,从数百元到十几万元甚至更多。与其说这是在做无用功,倒不如说是在做劳民伤财的"祸害功"。但是,对于这个命令啃不动的"硬骨头",有关当局却装聋作哑。如"釣魚臺國賓館"6个字全是繁体字,作为题匾至今未改;《人民日报》等有些报刊的题头和大学校牌是毛泽东的手迹,有的甚至是拼凑的"手迹",也都是繁体字。

2. 汉字简化的方法之一是两个或两个以上的字合并成一个"简体字",因为有时是某一个概念有几个字可以通用。按"简化"的原则是只保留一个字,其他字全部废弃。当时有些专家曾提出:将通用部分分开使各司其职,以避免功能太多造成混乱,结果没有被采纳。直到新世纪开始后不久,还有位专家在电视上针对此事表态:"几个字合并成一个字,是它的功能增加了嘛!"其实这是通用与专用的关系,这种关系非常复杂,简单的合并必然造成许多混乱。即几个字合并使用,虽然"简少"了汉字的数量,增加了某个字的功能,但是,该字却又在原来就有好几个意义的基础上,又增加一种或数种新的

中国梦:推动汉字走向世界

意义。增加新的意义,就意味着给读者增添麻烦,有些甚至会成为笑谈。

例如"征"字意为走远路、讨伐、国家收用,"徵"字意为公开寻找、召集,但也可以表示"国家收用",这时将此意归于"徵""征"皆可。而当时专家们的意见是,此类情况的通用部分应该分开:即只确定一个字,表示"国家收用",另一个从此固定下来,但再无此意。中国文字改革委员会不同意,于是简"徵"为"征"。但是在使用中却出现一些问题。例如我国古代音乐五音中的第四音"徵"读音为(zhǐ),若读成"角、征(zhēng)、羽"就是笑话。于是辞书又在"征(zhēng)"字一栏里注上"又见徵(zhǐ)"。由于"征(zhǐ)"音很少用,因此有问题查字典时,几乎全在"zhēng"音栏里找。如果当时按照专家们的意见使"徵""征"分开专用,就没有这种麻烦。

再如简"臺"为"台",笔画的确减了不少。1956年版的《同音字典》没有简化,读音相同的共6个字(其中"×的又音"未计,下同)。《现代汉语词典》1979年版简化后收入11个字;1998年版虽然也是11个字,但排序有较大差别;"第6版"在2014年印刷时虽然排序未变,但在"台³(颱)"字下面的选词愚以为不妥:因为按常识由此以下的选词凡发"tái"音节的字一律指"台×",例如"台胞""台布"等,但是演员舞台表演

114

第三章 希伯来文和汉字:两个"马鞍形发展"之比较

的风度、演出单位的演出风气亦皆可称为"台风"。这样一来海上的"台风"就同演出单位的"台风"混为一谈了。汉字本来多是一字一意的专用,所以毛泽东就曾经提倡并带头这样使用:把"同"字从连词中分离出来作介词使用,收到了很好的效果。

其实现实生活中,还有不少叫人哭笑不得的事情发生。笔者见到一位副教授因无钱出版专著,遂下决心从商赚钱出书。原拟企业"日志"名《弃术从商誌》,但当时的字库只有简体字,所以不论怎么敲击键盘,出来的都是《弃术从商志》。若此,则歧义会令人哭笑不得。可见几个字合并后,它所表达的意思的确是增加了,但是,使用者不要说写文章,就是写条标语也得反复思索、查对,但还是有无论如何绕不过去、无法准确表达的难题。笔者曾见到社会上出现过更为尴尬的事:一市民办喜事,打印店在请柬上打出的是"结婚志喜",而原稿却是"结婚誌喜",打印店则说"字库里没有这个字,这是国家规定的"。此类事系由合并的"简体字"造成的"病词",连带又造成了"病句"或"病标语"。再如"范文",这是个词组?还是个人名?"发蒙"是指儿童开始读书识字?还是指人犯糊涂?

3.汉字是世界上唯一的表意文字,包括偏旁部首在内,有些地方还有比较深的文化内涵。遇此若强令"简化"就必然

115

伤害汉字的文化特质。《中国大百科全书·语言文字》中《汉字简化方案》第三表里 54 个简化偏旁中，没有"豸"旁；《现代汉语词典》直到第 6 版，虽然"豹"字没有简化，却简"貓"为"猫"。这就出现两个问题：首先两本工具书都是权威出版社出版，读者或书写者不知当依谁为准。其次，我们的老祖宗当初造这些字时，对动物的分类已有初步了解，起码知道"貓"和"狗"是不同种类的动物。故猫科动物多为"豸"旁，犬科动物多为"犭"旁。古人对动物的分类虽然有些并不准确，例如狮子是猫科动物，"狮"却是"犭"旁；但作为子孙后代的我们却不能因此就简"貓"为"猫"，从而失去先天的文化内涵。勉强如此，就同汉字是"表意文字"的根本特征相悖，实在是得不偿失。

4.《大河报》在 2006 年 7 月 6 日报道了一则关于简体字给姓氏问题带来麻烦的新闻，标题为《本来姓"禄"，上世纪却被简化成了"录"，他们问——我们还能找回原来的姓吗？》。该新闻记述了郑州市祭城镇北禄庄的群众原姓"禄"，在 20 世纪 70 年代末全国实行简化字时，他们便集体改了姓。当时除了当地群众很不满意外，暂时还看不出来有什么问题。但是在改革开放后的打工潮中，农民工因为原住地名、户口、名字中有的是部分繁体字，有的全是繁体字，在工作城市办临时户

第三章 希伯来文和汉字:两个"马鞍形发展"之比较

口时,按有关规定姓名、住地的简繁体字不能互换,所以根本办不成。为此打工仔、打工妹们为办临时户口,往返于家乡、打工地之间所花费的时间、路费、精力,同他们微薄的收入相比,若说是天文数字,当不算夸大。

央视四套在2014年7月11日报道称:某个村全体村民要求"改姓",因为他们全村姓鉏(chú)。由于电脑上打不出这个汉字,只有将"钅"字旁简化成"釒"字旁才行。由于户口解决不了,以后所有同户口有关的问题全都不能办,因此外出打工、户口转移、子女上学、女子外嫁、银行贷款等一系列问题全无法解决。姓氏被简化的还有不少,例如简"阎"为"闫",简"傅"为"付"……

中国姓氏文化的传统是"行不改名,坐不改姓",改姓等于出卖祖宗,强令改姓同挖祖坟的仇恨差不多。遥想当年简体字推广之初,不少工人、贫下中农在媒体上表态:他们要学简体字,用简体字,气死"右派分子"!不知"批判的武器"与"武器的批判"如何才能把这件事情摆平。

5. 有一所名气不小的大学,在1963年中文系学生毕业时,学校要求每人写一篇作文,并且强调"很重要",但并未做解释。这一批同学全是学繁体字过来的,有几个因错别字超过了3个(一说是5个)就没有发毕业证。简体字已经推行了半个多世纪,当今中文本科毕业生全是简体字培养出来的。听前几年参与过招聘工作的一位同人说过:有一位中文本科毕业生写的材料,错别字的百分比是个"两位数"。另一位专家说:他在一些大学做报告时,下面递上来的便条也是错字连篇。

6. 有些简体字其实是"繁化字"。少的如"欶""款"繁体字通用,简体字取"款",就"繁"了1笔。"保""睬"本来皆通,简化时选"睬"弃"保","繁"了3笔。但也有的选择"繁化"字却是正确的,如"豝"原意为母猪,但也可以写成"犭"旁。若此,笔画虽然减少了,但初次接触的人还是更容易记住"豝"。另一类情况是,虽然"简"了笔画,但是书写时却多耗费许多精力。"阴""阳"二字写起来虽然笔画省去不少,但手写起来却必须小心翼翼,特别劳神,一不小心就写得"阴""阳"不分。读起来也不能一眼扫过,否则可能会误"阴"为"阳",或"阴""阳"不分。

7. 文字是个工具,一切工具的使用都是越来越简单,可见汉字的简化是符合事物发展规律的。这种说法用"接受美学"的基本观点分析,是给自己制造了方便,把剩下的麻烦推给了读者。这里我仅仅反问一句:法文不发音的字母到处都是,为什么法文从来不简化?英文的"Mississippi""night"如

第三章　希伯来文和汉字：两个"马鞍形发展"之比较

果简化成"Misisipi""nit",不论是地名、河名还是其他概念,都不可能发生误读误解,为什么他们不简化？难道他们的头脑比简化汉字者们笨吗？

8. 同类事件也发生在电脑输入上。其一,笔画多少在电脑输入程序上的区别不大,以五笔字型为例,"疒"旁和"丷"头都是敲一下。但在电脑上笔画多意味着区别多,而区别越多就越不容易出现差错。其二,繁体字本来是一目了然的,一简化就必须仔细审视,否则就会认错。例如"氵"与"讠"相仿。有一习者在学习《WPS2000 学习教程》时,正文中经常出现的"设有××装置",就经常被误读成"没有××装置"。当发现所读内容与前面内容相矛盾时又不得不仔细重读,发现竟是"设"与"没"混淆了。这点恐怕很多人都有同感。虽然在键盘上敲击"讠"并不比"氵"简,但读者却不知"繁"了多少次、多少倍。另一种混淆如:简"來"为"来"后,"菜"就搭便车同"莱"相混。在商务印书馆 1982 年出版的《阿拉伯－伊斯兰文化史》中,人名"罕才莱"就有人多次误读为"罕才菜"。

9. 据说"简化"是必然规律,因为"简体字古已有之",这也是事实。例如古墓中陪葬品里有的陶器上有字,且一看便知是工匠留名的"简化字"。直到抗战后期的敌占区,为抗拒土匪的抢劫,民间跑运输自发组织起来的"独轮车队",有的独轮车的某个部位就用这种"简体字"写的车主人的名字。这个传统一直持续到1956年合作化时期,笔者家乡"人力车运输合作社"的车队里,还有人继承了这种"古已有之"的"简体字",并在车上署名。但是这些工匠在陶器、独轮车、人力(橡胶轮)车上标明所有权的人名"简体字",从来没有进入正史、文献、辞书中,即从来没能进入过任何印刷品内。这是典型的"识繁写简"。

10. 其他还有许多问题,限于篇幅不能一一详述,只能点到为止。(1)有的简体字一改再改,到现在也不能统一起来。如"劃",先简为"划"(6画),后又简为"画"(8画)。怪不得1978年"二简"公布后,有人开玩笑说:"那是几个下乡知识青年提拔上来以后搞的,不要和他们一般见识!"(2)明明已经简化却不敢承认。比如除了前面提到的"蒙""吕"外,还有"奥"字,原来"米"的上面还有一撇。这些在字典上皆无说明。其实根本没有必要这么躲躲闪闪的。(3)简"菴"为"庵",其实笔画相同,若选用"菴"则更形象,表意特征也更明显。

汉字"简化"运动已经推行了60多年,按理说全国人民的文化素质应有较大的提高,起码汉字知识方面不应低于此前的水平。2015年3月,两会电视专题节目,曾将"国是"一词作专门讲解。"国是"者,国家大计也!这本来是个常识,却因

第三章　希伯来文和汉字：两个"马鞍形发展"之比较

为有不少代表不知道这个词的含义,这么做也确有必要。代表们全是"简体字"培养出来的,所以他们自己不能负责,但是也不能将责任全部推到"文革"头上。上述例证起码证明"简体字"没有过去宣传的那么神圣。

可能由于这类事情过去出现得太多,且不时出现在各种媒体上,因此上海咬文嚼字文化出版公司、上海锦绣文章出版社推出了《规范汉语大学堂》专题,2012年又推出了《容易××的字》《××字辨×》的专题小册子共8本。这说明问题已经很严重了。以笔者当小学教员时的体会,若是在"文革"前,这些错别字早就被"扼杀在摇篮里"了,根本不需要这么兴师动众。其实汉字的运行遭到干扰、破坏已达半个多世纪,岂是几本小册子能解决的？实事求是地说,有些错字首先是出现在媒体上。例如有一个时期,有几家电视台的字幕几乎每天都出现错别字,有时一天还会出现好几个。现在虽然有所进步,但隔三岔五还会出现。有的电视台字幕以空格代替标点符号,为什么？因为撰稿者对标点符号的使用,可能是"动辄得错",若以空格代替标点符号,不但省事,而且永远不会出错,可谓"一劳永逸"。以上所述现象各层次的媒体皆同样存在,正是："病来如山倒,病去如抽丝。"

中国第二批简体字的废止说明它"改而非革","中国文字改革委员会"改为"国家语言文字工作委员会"则标志着"文字改革"已进入"重度休克"状态。这时如果"文改"英雄队伍里能出现埃利泽·本·耶胡达式的英雄,"文改"运动虽然可能暂时会休克,但是可以肯定,它一定会很快复苏,并到达成功的彼岸。只可惜历史无情:汉字输入电脑问题的解决,现在谁想再"简化"一个字都不可能,因为首先是全国所有电脑的字库全都必须"再简化"。这一来"汉字简化"乃至整个"拼音化"的"文改"运动就寿终正寝了。这是否是逆历史潮流而动,作结尚须时日。汉字恢复往日的活力还有多少漫长的路要走,尚难以预料。

根据以上可知,汉字发展的鞍谷是因为从一开始就没有理论依据,所以走向了一条盲目否定一切的错误道路。虽然起初是由一批国内精英和出于好心的国际友人发起,持续了约百年左右,后被行政命令推向极端所致,但是对于语言文字(尤其是对汉字)理论研究,长期无人问津也是重要原因之一,因而最后的结果必须由实践证明。

四、影响比较:一优一劣

希伯来文休克而复苏后,所有犹太人无不弹冠相庆;以色

第三章 希伯来文和汉字:两个"马鞍形发展"之比较

列国建立后的语言文字政策更使他们感到无比光荣和自豪。希伯来语言文字的复苏对犹太人自尊心与自信心的提高,成了无与伦比的催化剂。这种影响怎不称优?

但中国"文改"的影响可概括为四个字:贻害无穷。

"简化"之前的酝酿讨论阶段有人指出,汉字简化后看不懂浩如烟海的古籍怎么办?在我国五千多年的历史上,虽然多次发生焚书坑儒的事件,但保留下来的历史文献,不仅举世无双,而且内容丰富、种类繁多,许多档案还基本完整。例如国家档案中有一部分还是每位皇帝生活起居的专人记录。这还不包括各地的县(包括州、府)志、各种行业志、各种家谱等。如果实行简化字,那些历史文献谁能看懂? 当时的回答是:"让全国的劳动人民过现代化的生活,让老一代的研究人员在'故纸堆'里钻研去!"半个多世纪后的今天,老一代汉字简化的反对者早已故去,可以把清王朝以前的典籍、历史全都扔到太平洋里去不要了! 但是以下诸多问题怎么办?

1921年共产党成立至1949年这一阶段的革命文献及遗留下来的档案、报纸、杂志以及其他出版物怎么办? 1949年到1955年这一时期的档案文献,又该怎么办? 中华人民共和国成立前后,这两个历史时期是社会大动荡大变革的时期,它包括十年内战、八年全面抗战、解放战争、抗美援朝、土地改革、工商业改造,等等。这两个时期的档案文献、报纸书刊等若说是浩如烟海绝不为过。可是我们某些知识分子连"当代古汉字"都读不全;甚至某些老牌大学的新生入校时,连偌大的名人题写的校牌都读不全或以为是"错字",请问,我们的现代化就是这个水平吗?18世纪法国人德蒙布隆在他的《世界旅行者》中说:"宇宙像一本书,一个人只见过自己的国家,等于只读了这本书的第一页。"① 正如这句话说的那样,我们泱泱5000年的文化典籍只是"一页书",我们的子孙后代只认识简体字,只能读懂这"第一页"末行的最后几个字,充其量也不到一行字。对于1956年,甚至是1964年以前的中国共产党的档案典籍,子孙后代也只能"望'古'兴叹",请问,凭这样的文化素质,中华民族能以平等地位屹立于世界民族之林吗?我们又有何面目面对中国共产党早期创立者们的群体?

1964年以后台湾等地就开始出现"简繁互译"的专业翻译,这说明汉字已经一分为二了。如果文字继续简化下去,将来历史文献谁能翻阅、看懂?可能有人会说:"可以翻译嘛!"但是,以上各种档案能翻译得完吗?经济上能承受得起吗?就算"有的就是钱",那么时间上来不及怎么办?例如南海边界问题,要

---

① [英]拜伦著,杨熙龄译:《恰尔德·哈洛尔德游记》,新文艺出版社1956年版,扉页。

第三章 希伯来文和汉字:两个"马鞍形发展"之比较

等翻译后才知道我们有没有论据,要等复制、印刷出来后才能拿出来做证,这种水平能"维护国家主权与领土完整"吗?

联合国对于1945~1955年间的汉字文献怎么处理?就算中国愿意花大钱全部翻译成简体字,但是联合国能同意吗?如果不同意,中国还要再配专职的简、繁字翻译;如果不配,而是要求驻联合国的工作人员必须认识繁体字,那不是又回到"识繁写简"的老路了吗?如果中国不许"识繁写简",但外国的一切汉字翻译却无一例外的一律"繁、简皆识",这就意味着,在国际性的机关中,中国的高级知识分子还没有洋人认识的汉字多。这不是在开国际玩笑吗?

简化字的主要推广阵地是《现代汉语词典》,所有简化的正确与否,大家皆不约而同地以它为标准。因为据报道,从1978年问世以来,到2014年共出6版,重印至少有488次。1979年第6次印刷时,"印数为711001~914000册",其他印刷次数少的也有12万册。这么大的系统工程虽不能要求白玉无瑕,但起码也应该仅是"微瑕"吧!但是从前述看来,对于汉字简、繁问题的处理,同它的发行量不太相称。

从媒体公布的毛泽东手迹来看,笔者没有见过一个"简体字"。如果我们的知识分子包括"高级知识分子"在内,没有人能看懂他老人家的手迹,这意味着什么?

这一持续的"简化",使汉字的功能和生命活力几乎是垂直跌入一个深深的鞍谷。因为大约从20世纪60年代开始,中国台湾就逐渐出现汉字"简繁互译"的职业翻译。一个民族文字竟然发展到一分为二的地步,这个事实意味着什么?笔者才疏学浅,不敢妄加猜测。

那么废止简体字恢复繁体字能行吗?答案也是否定的。从1956年至今经过了工商业改造、农业合作化、"反右"斗争、"大跃进"、三年困难时期、"文化大革命"、改革开放,等等。这半个多世纪的文字档案,其数量和重要性无须强调。仅20世纪80年代初各地编写的地方志、地名资料等数量也是个∞(无穷大)。若是废除简体字,这一历史时期的档案资料谁能看懂?可见对于简体字,国人虽深受其害,却又离不开它。故曰影响恶劣,贻害无穷。

既然繁简两体文字都是"剪不断,理还乱",那么汉字的唯一出路就是"一文两制"。这就意味着在中华大文化的整体上,增加了数千简体字这个如甲状腺肿胀的"大疙瘩"。也就是说,凡学习中华文化的人都要在付出正常劳动以外,再多学习数千简体字或繁体字,包括国外汉学家在内。否则,就必须像台湾那样,由于许多简体字他们不认识,因此"简繁互译"工作者的职业就应运而生,且子子孙孙永远如此。"简繁互译"

第三章 希伯来文和汉字:两个"马鞍形发展"之比较

的职业虽然提供了许多工作岗位,但是这种"岗位"还是没有好一些。

五、精英比较:一笑一憾

19世纪时,欧洲的犹太人若用希伯来语连一张火车票都买不到。这时一个年轻的俄国犹太人埃利泽·本·耶胡达意识到,希伯来文和希伯来语的消失给犹太民族带来的损失不仅极其巨大,而且是无法挽回的。于是他在1881年返回巴勒斯坦,从此他殚精竭虑、历经险辛为恢复使用希伯来语和希伯来文奔走呼吁。他坚持不论是在家还是在公共场合,都带头说希伯来语。他的这些行为遭到巴勒斯坦正教犹太人的强烈反对,他对他们也进行猛烈的抨击。

1904年埃利泽·本·耶胡达出版了一部新希伯来语词典的第一卷。1913年新成立的以色列工学院董事会决定不用希伯来语而用德语讲课,此决定引起了一场轩然大波。因为参加争论的人越来越多,而且多数持激烈的反对观点,争论的最后结果还是得用希伯来语授课。后来在耶路撒冷建立的希伯来大学也把希伯来语定为授课语言。语言如此,讲稿等文字性的东西当然也就顺理成章地使用希伯来文了。巴勒斯

中国梦:推动汉字走向世界

坦的犹太人除极端正教徒外,把希伯来语作为口语的人越来越多。"到 1916 年,把希伯来语作为第一语言的人已占犹太人口的 40%"①。1948 年,以色列国建立后把希伯来语言和文字定为法定的语言文字,也没有多少人提出异议。从此希伯来语言和文字完全恢复了往日的风采与活力,而使母语、母文字复苏的主将和首席功臣埃利泽·本·耶胡达已经含笑九泉了。

在中国,作为捍卫母文字活力与风采的主将和首席功臣当推袁晓园女士。据《汉字文化》介绍,她虽出身国民党高级将领家庭,但对中华人民共和国成立后的一系列政策却积极支持。当时她在联合国工作,文字改革初期她也积极支持,但时间一久就发现文字改革问题远非想象中那么简单。如联合国的几种文字文件中,汉字文件最薄、堆头最小。当她把有关的许多问题反映给周总理后,周总理特批她随时可以往返于中美之间。改革开放后,她创办了《汉字文化》杂志,专门介绍汉字研究的最新成果。根据我国的现状,她后来又提出"识繁写简"的正确主张。她的这些作为虽然遭到某些人恶意的猛烈抨击,但这些抨击不仅一开始就显得底气不足,而且声音

---

① 张辛民:《以色列内外》,新华通讯社《参考消息》编辑部 1986 年版,第 14~15 页。

第三章　希伯来文和汉字：两个"马鞍形发展"之比较

"越来越细，细到没有"。"识繁写简"愚以为是汉字发展的必由之路。理由如下：

1. "文改"前社会上流行许多手写简体字，大家却也都认识它的繁体，谁也没有感到有什么不便。20 世纪 50 年代国家还从香港进口了《金陵春梦》等几部繁体字小说，这些都是在"识繁写简"。

2. 简体字从 1956 年就开始使用，但是在 10 年以后——1966 年第 7 次印刷的《毛泽东选集》第四卷中还坚持用竖排繁体字。这个政府行为就是要求国人必须"识繁写简"，这也是历史的抉择。

3. 《汉语大字典》是 1978 年被列为国家文化建设重点的科研项目，1983 年又被正式列为哲学社会科学"六五"规划的国家重点科研项目，但它是繁简兼收。1988 年出版的新版《辞源》亦如此办理。

4. 据笔者观察，在简体字教育下成长起来的中、青年教师多少都认识一些简体字的繁体。文科教师的繁体字水平随工龄增长，区别仅在于认识的多与少，而绝非认识与否。理科教师也认识一些，但人数、字数少些。这说明繁体字无论如何也扔不掉。

5. 至少从 2002 年开始，高等教育出版社出版的古汉语教材的文选已恢复使用繁体字原文。教师对学生的要求是,对于繁体字不一定会写,但必须认识。这是标准的"识繁写简"。

6. 权威的《中国大百科全书·语言文字》中称:"一般认为现在汉字总数已超过6万个(包括简化字)。"如果简体字是法定的,简体字的繁体就已废弃不用,那么括号里的内容就是多余的;括号里的内容若是必需的,就证明官方也承认繁体字的合法性。

7. 最具讽刺意味的是社会上有一种趋势:写繁体字渐渐成为文化素质高的标志。电视剧《红楼梦》在播放20年后不仅在央视一套重新播放,而且导演、演员及一些工作人员全部被邀来央视做客,回顾当年的情景,畅谈今昔之感触,可谓高档大片风度。但从片头介绍、片名的题写至对话字幕全是繁体字,仅工作人员职务、姓名是简体字。繁简比与前述中之比大体相当。

当年简化的理由之一是让劳动人民识简体字,写简体字,成为文化的主人。但刚刚过去半个世纪多一点,农村的一些店铺竟然无视前述砸招牌的红头文件,把"理发馆"先改成"理發厅",最后才又改成"理髮廳"。这说明"先富起来"的那部分劳动人民,竟然把简体字当成下里巴人丢弃,而把繁体字看成阳春白雪,以标榜自己的"高文化素质"。

第三章　希伯来文和汉字：两个"马鞍形发展"之比较

以上事实说明，不管简体字如何来势汹汹，总是没有后劲。一旦遇到具体问题，笔画虽然简化了，但表达功能、思想内涵，尤其是文化内涵也都随之"简化"了，而且还给读者带来数不清的麻烦。所以繁体字总是禁而不止——实际上是官"废"民不弃。这就意味着书写虽然可以繁简听便，但识别却必须从繁。这就是汉字简化以来的历史轨迹。可见，袁晓园女士倡导的"识繁写简"是建议大家按照事物发展的规律行事，此事证明在文字改革问题上她的先知先觉，足以证明她是中华民族的杰出女性。

但我们又不得不扼腕喟叹：简体字比甲状腺肿胀的肉坨子还厉害，因为它是个永远不能割弃的累赘。这样袁晓园女士就不可能像犹太精英埃利泽·本·耶胡达那样大获全胜，但值得欣慰的是，其"识繁写简"的真知灼见既为历史证明，又将被现实继续证明。

谨以此文表达对袁晓园女士的无比崇敬和沉痛悼念！

第四章

汉字"注音"小史及其他

毛泽东说过:"历史的经验值得注意。"对于专给汉字注音的"拼音方案"来说,回顾一下它们的历史似乎很有必要:我接触到的1960年以后毕业的中文系大学生,没有一个人知道在《汉语拼音方案》以前竟然还有数十种不同的"拼音方案",因而在发出些"不知有汉,无论魏晋"的言论后,结论显得无知可笑且成了必然结果。因为仅在"清末二十年间,在民间产生了27种以'言文一致'和'普及教育'(后来又加'统一国语')为目的的拼音方案,叫作'切音字'"①,还不包括此前一些外国人为了传教事业等设计的几种"拼音方案"。虽然一篇论文不

----

① 《中国大百科全书·语言文字》,中国大百科全书出版社1988年版,第539页。

第四章 汉字"注音"小史及其他

能解决所有问题,但借此提醒一下年轻一代似乎很有必要。

一、给汉字注音的"方案"种种

(一)"反切"——东汉末期的重大发明

我国第一部字典是100年东汉时期许慎著的《说文解字》,它是我国第一部系统地分析汉字字形和考究字源的字书。有的字有注音,有的字没有。对形声字是"从××声"的注法。但是后来"由于佛经的翻译,中国语文学者认识了印度的语音学。远在2世纪(东汉),中国人已经能够把每一个音节分为两部分,就是现在所谓的声母和韵母(东汉应劭时已有反语。反语就是后代的反切。假如不知道分析音节,就不可能作出反语)。相传沈约(441~513年)著了一部《四声谱》,当时诗人们已经意识到汉语里有四声,而且把这种认识用在诗律的实践上。字典之外有韵书,其实韵书也是字典之一种,不过它是按音编排的字典罢了。陆法言的《切韵》是现在能看见的最早的一部韵书"①。反切的产生,是为了补救读若、直音注音方法的不足。反切与读若、直音比较起来,无疑是个巨

---

① 王力:《汉语史稿》(上册),科学出版社1957年版,第8页。

大的进步。

(二)《西字奇迹》

明万历年间,意大利耶稣会来华传教士利玛窦(1552～1610年)和另外几位传教士,于1605年用罗马字给汉字注音的一套方案写了4篇文章,前3篇皆宣传天主教教义,由教会合成一卷名《西字奇迹》;在中国,习惯上把上述4篇文章统称《西字奇迹》。这4篇注音文章中归纳出了387个不同的音节(不计声调)。尽管如此,从这4篇文章的注音中归纳出来的拼音方案,被认为是历史上第一个用罗马字拼写汉语的方案。可见用拉丁字母给汉字注音是从洋人开始的,从利玛窦到威妥玛历经200余年。不论他们动机如何,其对中国文化的发展,尤其是对汉语语音研究都起到了非常巨大的作用。

(三)《西儒耳目资》

1625年,法国耶稣会传教士金尼阁把利玛窦等人的罗马字注音方案加以修改补充,写成一部完整的罗马字注音专书《西儒耳目资》,第二年在杭州出版。金尼阁的方案只用了5个元音字母、20个辅音字母和5个声调符号(有入声),就可以拼出当时"官话"的全部音节。这套"拼音方案"已经将声母、韵母、音调等进一步细分。例如声母中的唇音(包括唇齿音)、舌尖音、舌面音、舌根音皆平行排列,韵母亦如此。《汉语

第四章　汉字"注音"小史及其他

拼音方案》对语音的分类同《西儒耳目资》相差无几,即对汉语语音的科学分类,在16世纪初叶就基本确定了。因此相比反切容易得多,故学者们产生了汉字拼音化的设想。

鉴于以上,罗常培在1930年为填补《切韵》以后到现代音的空白,写就《耶稣会士在音韵学上的贡献》等音韵学书籍。

（四）马礼逊的"拼音方案"

英国在中国早有传教活动,1807年伦敦教会的差会机构派马礼逊（1782～1834年）来中国,"任务是……一直等到你能达到学会汉语的大目标。……你也许有幸可以编一本汉语字典,……或更有幸地能翻译圣经"①。马礼逊编纂的"《华英字典》,1817年在澳门出版了第一卷,到1823年陆续出齐,共六卷,四开大本,共四千五百九十五页,仅从《康熙字典》收进的汉字加以英译就达四万余字。马礼逊在沟通英中文化方面付出了艰巨的劳动"②。虽然这部堪称开山之作的"汉英字典"国内很难见到,但可以肯定的是,在编辑《华英字典》前它必须,事实上也的确有一套专给汉字注音的、会英语的人都能

---

① 顾长声:《传教士与近代中国》,上海人民出版社1981年版,第23页。

② 顾长声:《传教士与近代中国》,上海人民出版社1981年版,第24～25页。

拼读的"拼音方案"。否则,它就没有读者。

(五) 威妥玛式拼音

威妥玛(1818~1895年)原在英国驻中国使馆任职,后升任公使。为了让说英语的外国人便于学习和掌握汉语、汉字,他先后写成《寻津录》和《语言自迩集》。在这两部著作中,威妥玛使用他根据北京读书音制订的拉丁字母拼音方案给汉字注音。这个方案以后被普遍用来拼写中国的人名、地名等,一般称为威妥玛式拼音(Wade-Giles Spelling System)。翟理斯(1845~1935年)也是英国驻华外交人员,编有篇幅巨大的《华英字典》(1892年上海初版,1912年伦敦再版)。翟理斯也采用威妥玛式拼音来给汉字注音。

威妥玛式拼音又称"威妥玛-翟理斯式拼音",他比他的前辈马礼逊等人的拼音方案前进了一步。它虽然保持了接近英文拼法的特点,但是并不完全迁就英文的拼写习惯。威氏将声母、韵母、声调分开后又进一步详细地分类,这些成果后被《注音符号》吸收采用。这个方案以后被普遍用来拼写中国的人名、地名等,一般称为"威妥玛式拼音"。翟理斯的《华英字典》后来成为当时邮电部门拼写中国地名的主要依据。这是从清末到1958年《汉语拼音方案》公布前,国内外最流行的中文拼音方案,亦称"邮政式拼音"(Postal Spelling System)。

第四章 汉字"注音"小史及其他

(六)《注音符号》(以下简称《符号》)

注音字母的产生与清末的切音字运动有关。在清末那27种"切音字"中,以王照的《官话合声字母》推行最广,影响最大。1910年冬,清政府为了筹备立宪,成立议会式的机构"资政院",各地纷纷提出"说帖"(提案),要求颁行和推广王照、劳乃宣的著述。后成立一个"特定股员会",由严复任会长,审查提案。审查结果提出四点意见:第一,"谋国语教育,则不得不添造音标文字"。第二,"将'简字'正名为'音标',由学部审择修订,奏请钦定颁行"。第三,"音标用法有二:一是拼合国语。以开中流以下三万九千万不识字者之民智,而合蒙藏准回二千万里异语民族之感情。二是范正汉字读音。学校课本每课生字亦须旁注音标"。第四,"请议长会同学部具奏,请旨饬下迅速筹备施行"。

第二年(1911年)夏天召开的"中央教育会议"议决了一个《统一国语办法案》,提出五项办法:一是设立"国语调查总会",调查"国语"的"语词、语法、音韵"。二是选择"雅正通行之语词、语法、音韵"作为标准,编纂"国语课本及语典、方言对照表等"。三是审定"音、声、话之标准"。音"以京音为主",声"以不废入声为主",话"以官话为主"。四是选定音标。音标的"音韵须准须备,拼法须合公例,字画须简,形式须美,书写须便",并"须兼备行楷两种"。五是"先由学部设立传习所,再由各省会设立,以次府厅州县","各学堂之教职员不能官话者应一律轮替入所学习","学堂各科亦须逐渐改用官话教授"。

1912年,蔡元培任南京临时政府教育总长。同年7月10日,教育部在北京召开临时教育会议,通过"采用注音字母案",决定先从统一汉字读音着手,实施"国语"教育,把清末资政院提出的"音标"改称为"注音字母",用来给汉字注音。决议案内容共七点:第一,"教育宜普及,文字宜适用于一般人民,不得专为少数才俊计"。第二,"全国读音宜归一律"。第三,"读音一律,宜先定字音标准"。第四,"字音标准宜召集于音韵之学(不论中西)素有研究之人及通欧文两种以上之人,共同决议,并于各省城召集方音代表以备咨询"。第五,"字音既定,宜将一切音韵纳于少数母韵(字典等韵有三十六母、十二韵,母者辅音,韵者主音),凡一母一韵,皆用一韵表之,名曰字母(与日本假名功用相同)"。第六,"字母形体,但凡笔画简易,便于书写,由教育部征集各种字母形体,酌取其一"。第七,"编成切音字典(即'拼音字典',引者注),发行全国应用"。

同年12月,教育部根据这个决议案,筹备召开"读音统一会",先成立筹备处,由吴敬恒任主任。筹备处制订和公布会议章程八条,并由吴敬恒起草《会议进行程序》,印寄受聘会

第四章 汉字"注音"小史及其他

员。

1913年2月15日"读音统一会"在北京开会,会员80人,除各省选派的代表外,又特邀代表30多人,补派代表10多人,实到44人。原定会期3个月,后延长一周。

会议第一步审定6500多字的"国音",第二步核定音素和采定字母。会上提出的字母方案很多,有采用汉字偏旁笔画的,有自造符号的,有采用罗马字母及其变体的,争论不休。最后接受浙江会员马裕藻、朱希祖、许寿裳、钱稻孙和部员鲁迅等人的提议,把会议审音用的"记音字母"作为正式字母通过。这套字母共38个,都是笔画很少的古字,其中15个采用1908年章炳麟"皆取古文篆籀迳省之形"制订的《纽文·韵文》。于是,这套汉字形式的拼音方案产生了。由于拼注的是"国音",因此又叫"国音字母"。

字母通过后,议决《国音推行方法》七条,规定将小学"国文"科改为"国语"科,或另添一门"国语",小学课本一律在字旁添注"国音",中小学教师必须以"国音"授课。这是中国第一套法定的汉字形式的拼音字母。1913年"读音统一会"议定,1918年北洋政府教育部公布。1918~1958年在《汉语拼音方案》(以下简称《方案》)公布前推行了四十年,目前仍在台湾省使用,又名"国音字母"。《方案》中所有拉丁字母的发音全部是用《符号》标注的。

这套字母吸收了威妥玛式拼音的成果,例如不但将声母、韵母分开,而且对二者又进行更细的分类,北京语音没有的皆删去。如1919年4月6日教育部公布"注音字母音类次序",把39个字母按照发音部位排成以下次序:ㄅㄆㄇㄈ(唇音),ㄉㄊㄋㄌ(舌尖音),ㄍㄎㄫㄏ(舌根音),ㄐㄑㄬ(舌面音)ㄒ,ㄓㄔㄕㄖ,ㄗㄘㄙ(齿音),ㄧㄨㄩ(介母),ㄚㄛㄜ(单韵母),ㄞㄟㄠㄡ(复韵母),ㄢㄣㄤㄥ(带声韵母),ㄦ(特殊韵母)。

1930年4月21日,中国国民党中央执行委员会第八十八次常务会议议决,改"注音字母"名称为"注音符号",认为这个方案的功用"仅适注音,不合造字,称为字母,徒滋歧误,所以应改称为'注音符号',以符名实"。

制定《符号》的领军人物有顶级学者蔡元培、顶级作家鲁迅,就是一般成员也绝非等闲之辈,可见其水平之高,而且目的明确、方法正确、推广用力,所以成绩也有目共睹:"注音字母"公布以后,曾经作为汉字正音、传播"国语"、帮助识字和代替汉字的工具,推行了四十年。四十年中这四个方面的推行,除了代替汉字外,其他都很有成绩,特别是在正音和推行"国语"这两个方面。《方案》公布以前的字典和词典的注音,几乎都用注音字母注音。推行"国语"方面最成功的是光复后的台

第四章 汉字"注音"小史及其他

湾省,直到今天,台湾省的小学、中学、大学的语文课本和教材都用它来注音,还有1000多种儿童读物,以及今天台湾省的第四大报《国语日报》,都用带有注音字母的铅字排印。台湾省只用了十年多一点的时间,就通过注音字母在全省普及了"国语"。

(七)"国音字母第二式"

"五四"运动前后在"文学革命"的影响下,《新青年》和《新潮》等杂志讨论文字改革,提出改用罗马字(即拉丁字母)拼音的问题。1923年《国语月刊》出版"汉字改革号"继续讨论。钱玄同、蔡元培、黎锦熙、赵元任等纷纷发表文章参与讨论。赵元任还提出制订"国语"罗马字的25条原则和一个"国语"罗马字方案的草稿。钱玄同、周辨明、林语堂、许锡五等也都提出了各自的罗马字拼音方案。1923年"国语统一筹备会"上钱玄同提出《请组织国语罗马字委员会案》,黎锦熙、叶谷虚等也提案请求公议一种罗马字拼音方案,与"注音字母"同时推行。大会通过决议,成立"国语罗马字拼音研究委员会",指定钱玄同、黎锦熙等11人为委员。但是由于时局变动,"委员会"无法开会,遂改为由刘复发起的研究音韵学的"数人会"进行讨论。"数人会"的6位成员中5位是"国语罗马字拼音研究会"的在京委员。经过一年时间,开会二十二次,九易其稿,终于议定了《国语罗马字拼音法式》。1926年9月,"国语统一筹备会"召开"国语"罗马字拼音研究委员会会议,通过并提请教育部公布。1928年9月26日,国民党政府大学院公布其为"国音字母第二式"。这是中国推行"国语"和供一切注音用的第一个法定拉丁字母拼音方案。

(八)拉丁化新文字

这是从20世纪30年代初到1958年《方案》公布前在群众中推行的汉语拼音方案,一般称"新象形文字"。这是一个在中国文字改革运动中起过重要作用的拼音文字方案,它的一些特点皆被吸收在《方案》中。十月革命后,莫斯科劳动者共产主义大学的"中国问题研究所",开始研究中国文字的拉丁化问题。主要参加者有瞿秋白、吴玉章、林伯渠、萧三及一些苏联的汉学家,并制订了"中国拉丁化字母"。这引起了苏联语言学界的注意,并同中方一起修订。1931年5月经全苏新字母中央委员会批准,并于9月26日在海参崴召开的中国文字拉丁化第一次代表大会上正式通过。

这次运动规模很大,抗日战争初期上海办了许多难民新文字班,陕甘宁边区也办了很多冬学新文字班。出版各种书籍61种,报刊36种。影响较大的是上海中文拉丁化研究会编的《中国话写法拉丁化——理论·原则·方案》,刊物是上海出版的《新文字月刊》。拉丁化新表意文字的应用则主要在东北铁路电报和海军手旗、灯号、无线电方面。

(九)《方案》

中华人民共和国成立后的当月成立了民间团体"中国文字改革协会",协会设立"方案研究委员会",讨论采用什么字母的问题。1952年2月,政务院文化教育委员会成立"中国文字改革研究委员会",设立"研究并提出中国文字拼音化的方案"的"拼音方案组",几年中拟订了好几种以汉字草书笔画为字母的民族形式拼音方案。1954年12月国务院成立"中国文字改革委员会",1955年组织"拼音方案委员会",由吴玉章、胡愈之任正副主任,黎锦熙、罗常培、丁西林、韦悫、王力、陆志韦、林汉达、叶籁士、吕叔湘、周有光为委员,在民族形式字母的方案之外,研究采用拉丁字母的方案,并最终确定采用。

1956年2月,拉丁字母的汉语拼音方案第一个草案发表,使用了6个新字母。经过征求全国意见和国务院"汉语拼音方案审定委员会"的审定,1957年10月拼音方案委员会又提出完全采用拉丁字母的修正草案,也就是今天的《方案》。《方案》基本继承了"国音字母第二式"的主体,删去了今音不用或罕用之音。《方案》是1955～1957年中国文字改革委员会"汉语拼音方案委员会"研究制订,1958年2月11日经全国人民代表大会批准公布,1982年国际标准化组织承认为拼写汉语的国际标准。

《中国大百科全书》中有《方案》与历史上4种主要拉丁字母拼音方案的比较表,有兴趣的读者一查便知。这是中华人民共和国的法定拼音方案。

二、历史评价必须准确

(一)"反切":历史地位必须得到应有的肯定

印度的梵文是拼读文字,中国人在翻译佛经的过程中学会后,开始利用拼音方法给汉字注音。因为中国人没有只表音不表意的"符号",所以就用两个汉字,取上字的声母、下字的韵母和声调,两音相拼即是该字的读音。这就是"反切"。从音韵学史的角度说,反切的产生标志着汉字语音学的开始——从此懂得了对汉语音节做音理上的分析,把一个音节分成声、韵两个部分。反切产生于2世纪末,东汉末年的服虔、应劭时代。中国古人是将印度语音学的拼音知识拿来后,经过改造才给汉字注音的。因为传统上中国没有只表音不表意的"符号"或"字母",于是就用汉字代替,这是创造,也是发

第四章 汉字"注音"小史及其他

明,给汉字注音更是发明。能"师夷之长,补己之短",这就是重大的发明创造。

因为注音的声、韵、调三要素及其关系问题,"反切"已经全部解决:"辨别声母,区分韵类,都要靠反切。有了反切才能编成韵书,才能规定作诗押韵的办法。"①"押韵"对于中国古典诗歌的作用是难以估量的。不但唐诗宋词对韵律、韵脚有规范作用,就是当今人士写的古体诗,亦必须以此规范。例如有些字现在读平声,而古代却是入声字,当今古体诗置此就必须按仄声处理,可见其影响之深远。因此"反切"这种发明或创造,也是"洋为中用"最早的典型。

从那时起到《符号》公布以前的近两千年的历史长河中,"反切"一直是我国古代知识分子的一项基本功,为中华文化的发展立下了汗马功劳。从陶渊明、李白、祖冲之、毕昇、徐光启,到康乾盛世等所有的知识全是"反切"出来的,就连孙中山、毛泽东等老一辈革命家中所有的知识分子,也不例外。因为他们发蒙时,所有已经设计完毕并进行推广的注音符号系统,还没有传播到他们的家乡。

反切的缺点只是没有专用的表音符号,而表示声、韵的

---

① 张志公:《现代汉语》(上册),人民教育出版社 1982 年版,第 247 页。

"反切"字可能有好几个,增加了不少麻烦。虽然明清两朝有好几位学者曾提出不少改进意见,但始终没能达到理想拼读的地步。究其"原因",愚以为是"汉字表意"的观念已经深入人心铸成了牢不可破的信念,所以不论怎么写,只要是"有音无意"的字,群众一般不会接受。这一点笔者参加用《方案》扫盲时体会最深。创造出表音不表意的"符号"并使群众接受是必须付出时间代价的,这一点是理想的注音符号产生前必然经历的"阵痛"。

既然如此,"反切"在中国音系学史上应当有它的一席之地。现代音系学的研究始于19世纪末期。波兰语言学家博杜恩·德·库尔德内和他的学生克鲁舍夫斯基(1851~1887年)首先提出了"音位"的概念。国际语音协会颁布的通行世界的国际音标,是由帕西(法)、耶斯佩森(丹麦)、斯威特(英)、西维斯(德)等人于1886年创建的。而他们对于音节、辅音、元音的认识在正常情况下也只是百年左右,最早也不可能超过200年。但是中国的反切却出现在2世纪,早出1500多年,后来的《符号》《第二式》《方案》仅是对"反切"的优化。

由于笔者水平有限,本书中论述、介绍"反切"的,以张志公主编的《现代汉语》里介绍最详,达5页之多。其他除了王力教授的《汉语史稿》有所介绍、论述外,有关研究反切的论

第四章 汉字"注音"小史及其他

文、专著,就是在改革开放的数十年里,也只是有限的几篇,此前则是避而不谈。对于国人来说,这不能不说是一种疏漏。希望有关同人对此表示关注。因为它就像"五笔字型"输入法一样,从汉字可以用电脑输入上考察,它是开山之作,尽管有不足之处,但必须首先肯定它是首创的历史作用。

"音韵学"是中国传统称谓,国际上又称"音系学"(Phonology)或"音位学"(Phonemics)。反切产生时的欧洲正处于罗马帝国的兴旺时期,他们的语言学研究主要是继承了古希腊人的语法研究。而语音学到了19世纪末才有很大进展,[①]音位学和音系学的研究当然就更晚。关于诗歌上的韵律问题,中国和西方有很大的区别。如希腊、罗马诗歌中的音步同长音节(thesis)、短音节(arsis)的关系,等等。由于古希腊文和拉丁文都是拼读文字,语音上基本上只有重音和非重音的区别,因此那时没有也不可能把音节分成声母、韵母,或称辅音、元音。但是中国诗歌则完全是另一回事。

后来,英、法、德等国的学者又丰富、发展了音位学的概念。现代音系学的形成对语言学研究有重大意义,因为它不仅密切结合具体语言系统探讨语音系统的一般规律,连语言

[①] 《简明不列颠百科全书9》,中国大百科全书出版社1986年版,第240页。

的调查方法、拼音文字的创制原则以及语言教学的实践等方面都有了很大的促进。但是这一切最早的实践,皆源于2世纪末中国人将一个音节分成声、韵两部分的实践,以及后来对于诗韵又进行的细分。国人喜欢把四大发明挂在嘴上虽不为过,但对其他的世界第一不知是无知还是不屑一顾。例如"反切",学术界除王力、张志公等前辈的专著有些介绍外,其他本来应该介绍"反切"的专著、论文却未曾提及,对它进行深入研究、肯定它的历史地位的人是非常少的。这些情况是汉语学界的疏漏,还是其他原因就不得而知了。

由此笔者想起,比较解剖学建立后,英、法两国的学者都有人说是本国的学者、医生最先开始研究;后来事实证明,皆为各自独立完成。但是,更有人追索到古希腊名医希波克拉底(活动时期前460年),因为他曾解剖一些尸体的病变部位同正常机体进行对比研究。其他如对船舶、车辆、枪支等皆有人喜欢尽力找出它的发展过程,尽力复古打造其"原始胎样",国人对"反切"是否也应该如此钻研?

至此,本章已经提出两项必须尽快填补的空白:第一,即此处所指,应对"反切"做深入研究,以便做出适当的评价,肯定它的历史地位;第二,第一章中提到的"中国古代的诡辩在全世界影响极大,外国许多学者潜心研究,做出了不少成绩。

但在我国内并没有引起足够的重视"。这里需要补充的是,自然科学上也存在类似的问题:"中国科学工作者本身,也往往忽视了他们自己祖先的贡献,例如,1952年在北京出版的一部介绍地植物学找矿法的佳作,就没有提到这种技术早在梁代(6世纪)就已开始应用。"①

(二)关于《方案》

2012年,某权威刊物有一篇关于《方案》的权威文章,提出我们可以从如下四个方面认识。

1. 定位。"结束了几千年没有语音标识符号系统的历史(与注音符号同)。"首先,用中学生作文的水平衡量,这也是一个有逻辑矛盾的病句。因为"结束了"具有唯一性、排他性,而"与××同"具有同一性、兼容性;二者水火不容。其次,给《方案》的拉丁字母注音的是《符号》中的符号,即《方案》的每一个字母的读音,规定它必须与相应的《符号》读音相同。最后,《符号》公布于1918年,而《方案》至1956年才公布,晚了38年。那有什么理由自我标榜呢?基于以上三点《符号》与《方案》字母怎"同"?再往前可以追溯到16世纪初的《西字奇迹》,传统上《西字奇迹》一直被认为是历史上第一个用罗马字

---

① [英]李约瑟著,《中国科学技术史》翻译小组译:《中国科学技术史》(第一卷),科学出版社1975年版,第5页。

中国梦:推动汉字走向世界

拼写汉语的方案。我们不能因为这是洋人进行"文化侵略"就不承认它是汉字的"第一个语音标识符号系统"。

2. 正音。"用于统一汉字的发音规范(标准音)。"《方案》颁布近60年了,现以三个一级常用字"呢""泥""你"为例看看"正音"的效果如何。这几个字所有字典上注音皆标注是"ni",仅声调不同。但全国人民包括电视台的名嘴、国嘴,谁不是按传统习惯读(注音符号的)"ㄋㄧ",而是读成《方案》的"标准音""ni"呢?

3. 通音。"中华民族的方言、乡音及少数民族语音有了通识的标音符号。"这里"通识的标音符号"如果仅仅是指学习汉语汉字,那就等于没说,是自吹自擂,因为从明朝的《西字奇迹》开始,汉字就"有了通识的标音符号"。如果是指用《方案》表示"方言、乡音、少数民族语音",那问题更大,因为"方言、乡音、少数民族语音"里有许多"音"在《方案》里根本没有,即使有,音调的调值也不一样。何况有些例如生活在新疆的俄罗斯、维吾尔、哈萨克等兄弟民族,本身就有成熟的语言、文字,还用得着《方案》给他们的文字"通音"吗?

4. 序化。"借助于拉丁字母将汉字作出音序排列(检字法)。"笔者这里将通音和序比的顺序颠倒叙述,是因为"序化"是《方案》最大的败笔,不这样排序会给读者带来思维上的麻

第四章 汉字"注音"小史及其他

烦。

1998年版的《现代汉语词典》按《方案》排序是23个"部",1689页。100页以上的"部"依次有C(109页)、D(105页)、J(116页)、S(132页)、Y(127页)、Z(126页)6个"部",合计715页;即约26%的"部",却占了近42.3%(强)的页码。85~100页的B部98页,G部88页,H部92页,L部97页,X部96页,共471页。这5个约占27.9%的"部",占了27.88%的页码。二者之和为:不到一半的11个"部",共有1186页,却占了70.2%(强)的页码。其余约一半的"部"属"弱势群体",仅仅占28.5%的篇幅。它们中较少的"A部"仅有14页,"E部"仅有10页,最少的"O部"才2页。页码最多的"S部"与最少的"O部"之比为66∶1。其分配的不均衡可见一斑。按《方案》要求的这种排序配置遇到具体问题时,才会暴露出它的致命缺陷。

《简明不列颠百科全书》(以下简称《全书》)按《方案》排序,正文总计7518页,末卷有293页的附录。结果如图4-1。

卷一 801	卷二 850	卷三 844	卷四 868	卷五 902	卷六 910	卷七 842	卷八 888	卷九 613
A, B	B, C, D, E	F, F, G	H, H, J, K, L	M, M, N, O, P, Q, R, S	S,	T, T, W, X, Y,		Z
393, 408	180, 162, 416, 47, 45	248, 322, 274	137, 352, 379	546, 356	132, 208, 19, 210, 159, 87, 95	586, 256	73, 311, 365, 159, 324, 289	
801	850	844	868	902	910	842	888	613

图4-1 《全书》按《方案》排序结果

《全书》是1985年初开始逐卷出版,历时年余方竟,在当时的历史条件下可谓立下大功一件。有些问题责任不在出版,而在"拉丁排序",体现在以下几个方面:

(1) 一个"部"分成两卷,查起来非常不方便。这种情况共有B、F、H、M、S、T、Y七个部。

(2) 第二卷横跨B、C、D、E、F五个部,第六卷横跨M、N、O、P、Q、R、S七个部。分得太碎查起来也不方便。

(3) 用自然法则作比,这部巨型译作可看作一台功能强大的超大型的机械设备。它制造的9台大型机械器具,必须安装在一座厂房里。若此,则第9台还必须预留一部分空间以作他用。设备本身9台间的关系是规格、标准是统一的,前后相连,流水作业。即与《全书》本身9卷之间的关系相同。

各卷的"部"相当于机器上的皮带轮或其他工作轮例如齿轮,页码的数目相当于皮带轮的直径。这样一来最棘手的问题就突显出来:卷六最小的直径是O部的19,而P部的210是它的11倍多。又因为这是一个整体设计,规格必须统一,所以最大的卷五的L部是546,卷七的S部是586。它们分别是O部的28.7倍和30.8倍。其他大部分都在O部的10倍以上。根据几何原理,面积的大小与半径的平方成正比。因此,从技术角度计算,其余的22台设备,全部要同"皮带轮O"

第四章 汉字"注音"小史及其他

的直径按比例放大。因此这台机器不仅制作成本高得吓人,就算是制作出来了,也一定是傻、大、粗、笨,用起来也特别麻烦。表现在《全书》上例如 Z、ZH 本不是同类项,应该分开排印,在此合而为一就显得特别碍事。本来应该编排在一起的,例如开口呼的几个字符却硬是分开,需要联系起来思考查找时,就显得特别麻烦。

可能笔者乃一"好事者",曾将《全书》内容按《符号》要求进行分类,例如把元音部分抽出,分成开、齐、合、撮归并,卷数不变,结果如图 4-2。

卷一 798	卷二 781	卷三 953	卷四 868	卷五 790	卷六 876	卷七 844	卷八 834	卷九 772
ㄅㄆㄇㄈ	ㄉㄊㄋ	ㄌㄍ	ㄎㄏ	ㄐㄑㄒ	ㄓㄔㄕㄖ	ㄗㄘㄙ	开	ㄧㄨㄩ
588, 210	488, 293	416, 329, 208	546, 322	379, 411	352, 159, 365	208, 111, 357, 87, 81	51, 324, 459	358, 309, 105
798	781	953	868	790	876	844	834	772

图 4-2 《全书》按《符号》排序结果

因为分开时有许多内容是或不到半页,或多半页却又不到一页,这样就出现些误差,故总数为 7516 页,少了 2 页。

这样分卷也有些"超额",例如卷三。但可以将卷三拨出百页左右归入卷二。卷九多出部分可在附录中调节。正确与否尚希广大读者指教。

拉丁字母的源头是腓尼基字母,前 15 世纪(相当于我国的商朝早期)腓尼基人就已经使用。现存最早的刻碑铭文乃

中国梦:推动汉字走向世界

前11世纪的遗存。那时腓尼基人根本不知道语音还分辅音、元音,更不可能按发音部位分类,所以它必然是无序的。包括汉语言文字在内的任何语音研究,第一步就是对各种语音进行分类,使之有序化。这同法定的拉丁排序产生矛盾后,科研就得"礼让"。这就等于对汉语言文字的音韵研究设置了一道无法逾越的障碍。方案公布施行近60年了,汉语语音研究有什么成果?这一点只有专业人士体会最深。

(4)这里再用《符号》与《方案》做一个另类比较。根据张志公《现代汉语》(上册)360~363页的《普通话声韵配合表》统计,汉语共401个音节。电脑上全部输入一次《符号》共敲击917次,用《方案》则敲击1295次。平均每个字多敲击0.94次。若是500字的短文,则需多敲击470次;5000字的论文,则需多敲击4700次。那么50万字的专著呢?

笔者读中文系时,虽然不论是发的讲义还是购买的参考书,正文后面每个生字都有注释,但是要找到"注×"非常费时费力,复习时生字的读音若顺手注在下面行距里最方便。当时用《方案》注音是唯一的选择,但是遇到以下困难实在难以克服。

第一,字母太多。印刷品每个字的宽度用《方案》只能写1~2个字母,若字母在三个以上就绝对写不下。而3~6个

第四章 汉字"注音"小史及其他

字母的生字又较多。若某生字的左右都认识,还可以在它们下面注音;但如果接连两个生字就必须先小心地目测在哪里下笔最好,否则越界后就会影响下一个生字的注音。如果一连三个生字就根本无法下笔;就是侵占其他字的位置勉强注上,再次复习时查看起来也相当别扭。

第二,行距用来注音一般都显得太窄。拉丁字母高矮不一,上出头下入地是常规,一般印刷品的行距根本写不下。如果写得一般高,复习时不仅自己看起来不伦不类非常别扭,影响复习心情,而且容易误读。

第三,如果一连三个生字,行距面积不够时,只好画一条长拐弯线注到正文旁边的空白处。后来向古典文学老师朱宝昌教授求助,因他是"大右派",故绕了一大圈子似乎是在说《符号》也能注音,叫我"试试看"。因"符号"可以写得又窄又高或又扁又宽,且最多只有三个符号;把铅笔削尖一点,写时尽量写得瘦长些或宽扁些,有时还可以"投机"。例如横着写的ㄐㄧㄢ,竖着可写成 $\frac{ㄐ}{ㄧㄢ}$,这样居然迎刃而解。看来印刷品例如课本、教材在生字下页随手注音,《符号》的路子也比《方案》宽许多。

第四,也可能有人会说:"电脑上用《方案》拼音输入的人

中国梦:推动汉字走向世界

占95%以上!"这是个事实,但那是《方案》一统天下的恶果,因为国人基本没有选择的余地,而并非《方案》拼音有什么特异功能。如果用"实践是检验真理的唯一标准"来衡量,用《方案》的"拼音输入"结果是极为可怕的。2008年下半年全国各大媒体开始关注学生们"提笔忘字"的问题。短短的数年时间,全国大小媒体发表了数百篇短文,基本一致的看法是:这是个关系到中华文化传承的大问题。解决的办法虽然是各抒己见,但是至少说明一个问题:《方案》绝不是那么"神圣"。这一事实对《方案》的存在有什么影响,目前尚难预料。

第五,总的来看《方案》的创新不是很多。引进拉丁字母不能算,因为此前介绍的除《符号》外,全是用的拉丁字母。它唯一的创新大概就是"拉丁排序"。对此我想说的是,外国的东西再好也得中国能用,否则只能起反作用。注音工具废除《符号》改用《方案》,用鲁迅的话说是"弱国心理"的表现。力量越弱越是要表现自己的强大,就越要跟强者套近乎。但结果却恰恰相反,越是表现自己"强大",弱点暴露越多、越明显,最后不仅弱点暴露无遗,甚至某些弱点会被放大反而更被动。这一点已被无数历史事实证明。《方案》的前途如何虽不敢预料,但拉丁排序却必须放弃,否则,汉语语音研究根本无法进行。推行《方案》近60年的历史证明:庆父不死,鲁难未已。

第四章 汉字"注音"小史及其他

鉴于以上,今后在排序、生字注音上应该像历法一样"土洋并举",根据需要各取所好。《方案》的一统天下,就是在编目分类上效果也实在不怎么样。因此国家在政策上也应该允许这一块有所选择。

前面的文章曾提到过,此前"老大哥"也进行过文字"简化",不过他们是一次性的,后来也再没有提到过。不但如此,对汉字他们也有自己的"独到见解"。他们出版的汉俄字典对于汉字的分类,不同于我国传统的任何分类法。20 世纪 50 年代出版的《华俄简明辞典》对汉字的分类,是根据他们对汉字的理解,对汉字进行"最有特征的一笔"分类。汉字共有"22 种笔画",分为 58 个"特征",即 58 个部。但是实际操作起来可此可彼的地方很多,使用者根本不知道在哪个笔画里找。例如,"老大哥"把"一横"分为 7 种,别人感觉如何我无从得知,反正我分不清,也记不住。这样的辞书在中国当然没有市场,俄语专业的人士也很少有人购买。

20 世纪 60 年代出版的同一本辞书,虽然一切都没变,但是增加了笔画、音序两种查阅方法。这也符合接受美学的基本原理:读者的接受程度,决定作品存在的价值。

后　记

　　1987年伊斯特林的《文字的产生和发展》翻译出版。虽然有些观点非常值得商榷,但是笔者从中受到最大最有益的启发是:科技符号通行世界是个常识,它不但是"字",而且是"意词字"。而汉字又是唯一的表意文字,二者的内涵基本重合。因此汉字也完全可能会像科技符号那样通行世界,可见它完全可以同"世界语"一争高下。不久笔者完成了逻辑推理全过程,论文提纲已成雏形并草拟了部分内容。当时拙著《古代欧洲"四维"文学史》拟申请"国家社科基金"出版,这是根据爱因斯坦"四维空－时连续区"(旧译"四维空间")作为思维框架设计的新体系文学史专著,所以基本上笔者还是有把握的。

　　谁知院方对笔者的申请竟久拖不理不管。后与一同事来闲谈时说:"你把×××的名字写上,而且放在最前面(他不知道这叫'第一作者'或'主要执笔人'),保险一天也不拖,问题

后 记

还会解决得你最满意!"后来竟真发生了武穆崇焕之冤,我被记"大过"一次(没有任何正常程序,更没有通过省教育厅审批),且将学院"简报"发往异地某些高校。助我者寡,啖瓜者多;"殆天数,非人力"! 有关"世界文"的思考遂一蹶不振。

十多年后由于孔子学院的创建及不断的新建,关于汉字同"世界语"举行擂台赛的设想遂逐渐被"钩沉"。在翻箱倒柜找出底稿、整理资料、修改补充后,笔者发现"世界语"不过是人类美丽的幻想,而汉字能成为"世界文"的理论依据、逻辑推理却无懈可击。十八大召开后新政策、新气象不断涌现,关于汉字文化的新鲜事又接连不断,诸如央视专对外国人的《快乐汉语》《汉语桥》等节目,使得20多年前关于"世界文"之灵感,更似火山喷发,能急速挖掘出来,除迫切感到时不我待外,更重要的是欣逢盛世,毕生难遇! 经多次重大修改、补充、调配、重组,历时年余方成拙文。